W0068576

Maria Jooß (Hrsg.)

Friede auf Erden

Ein kleines Lesebuch zum großen Fest

camino.

Inhalt

Vom Frieden in der Natur

Vom Frieden unter den Menschen

Vom inneren Frieden

Vom göttlichen Frieden

Ein Wort zuvor

»Friede auf Erden«, das verkündeten Engel vor über 2000 Jahren den Hirten bei Betlehem. Jedes Jahr an Weihnachten hören oder lesen wir diese Worte. Und sie rufen eine der ältesten Sehnsüchte in uns wach, den Wunsch nach Frieden. Doch vielleicht fragen wir uns: Kann es das geben, Frieden? In einer Welt voller Naturkatastrophen, sozialer Spannungen und Kriege? Und wie könnte er aussehen, der weihnachtliche Frieden?

Diese Fragen haben bereits viele Menschen vor uns beschäftigt. Und nicht wenige haben darüber geschrieben. So sind viele Geschichten und Gedichte entstanden, die sich auf ganz unterschiedliche Art mit Frieden befassen. Einige davon haben wir in diesem Büchlein für Sie zusammengetragen. Darin geht es um den Frieden in der

Natur – wenn alles unter einer geheimnisvollen Schneedecke liegt und die Spitzen der Tannen blitzen –, aber auch um den Frieden zwischen den Menschen, der ja gerade an Weihnachten oft gefährdet ist. Nicht zu vergessen ist an diesen Tagen der innere Frieden, der Frieden mit uns selbst. Und natürlich wollen wir uns zuletzt auch auf die Suche nach dem göttlichen Frieden machen.

Wir wünschen Ihnen eine gute, besinnliche Lektüre und vor allem – eine friedliche Weihnachtszeit!

Vom Frieden in der Natur

Ein Winterabend

GEORG TRAKL

Wenn der Schnee ans Fenster fällt,
Lang die Abendglocke läutet,
Vielen ist der Tisch bereitet
Und das Haus ist wohlbestellt.

Mancher auf der Wanderschaft
Kommt ans Tor auf dunklen Pfaden.
Golden blüht der Baum der Gnaden
Aus der Erde kühlem Saft.

Wanderer tritt still herein;
Schmerz versteinerte die Schwelle.
Da erglänzt in reiner Helle
Auf dem Tische Brot und Wein.

Wie der alte Christian Weihnachten feierte

PAULA DEHMEL

»Kind«, sagte am Vortage des Weihnachtsfestes meine Mutter zu mir, »Kind, geh, bring dem alten Christian seine Kuchenstolle und dies Paket. Sag, ich ließ ihn schön grüßen, und er möchte das Fest und das neue Jahr gesund und ruhig verleben. Diesmal wär zu viel Arbeit, ich könnt nicht selber kommen.«

Ich blickte etwas erstaunt und beunruhigt von meinem Buch auf. Ich kannte den mürrischen alten Waldhüter recht gut; wie oft hatte ich mich als kleines Mädchen vor seinem großen rostigen Schnurrbart gefürchtet, wenn er uns beim Beerensuchen auf verbotenen Plätzen überraschte und uns mit seinem Brummbass aufschreckte und davonjagte.

Jetzt freilich hatten wir ihn nicht mehr zu fürchten, denn er war schon seit etwa zwei Jahren pensioniert. Nach dem Tode des alten Försters, dem er sehr ergeben war, hatte auch er um seine Entlassung gebeten. Das Reißen in den Füßen sei zu arg, meinte er, er könne nicht mehr stundenlang im Wald umherlaufen; und mein Vater, der Arzt im Städtchen war, hatte ihm das gewünschte Attest ausgestellt. Seitdem hatten wir einen neuen Förster und einen neuen Waldhüter, und beide nahmen es nicht so genau mit uns Kindern.

Der alte Christian Merkenthin aber zog zur Witwe Klemm draußen in der Vorstadt, die dem Wald am nächsten wohnte, und ließ sich selten blicken. Zu ihm sollte ich nun gehen. Meine Mutter, der meine Unruhe nicht entgangen war, lächelte: »Geh nur, Kind, er ist in seiner Stube anders, als du ihn sonst kennst, und du bist schon groß und verständig genug, um deine Freude an dem prächtigen alten Mann zu haben.«

Ich nahm meinen ganzen Mut zusammen, als ich die gute Mutter so reden hörte, klappte mein Buch zu, nahm Hut und Mantel vom Riegel und machte mich gehbereit. »Wenn du dem Christian ein wenig Gesellschaft leisten willst, kannst du das gern tun«, sagte meine Mutter noch, indem sie mir sorglich die Pakete in den Arm legte, »um sechseinhalb Uhr wird beschert, da musst du wieder hier sein.«

Ich nickte still, sagte ihr Lebewohl und ging mit leiser Neugier im Herzen und etwas Bangigkeit die Hauptstraße der Stadt hinunter. Ich beschleunigte meine Schritte und war bald aus der Häuserreihe heraus.

Die Wiesen, die sich bis zum Waldrand ausbreiteten, lagen im tiefen Schnee, und auf den kahlen Ästen der Kirschbäume, die die Chaussee begrenzten, hockten und flatterten Hunderte von Krähen, die wohl vergebens nach Futter suchten.

An den beiden verschneiten Kornmühlen vorbei, die leise im Wind knarrten, kam ich mit rot gefrorener Nase und steifen Fingern endlich bei dem Häuschen der Witwe Klemm an, wo mich ein kleiner schwarzer Spitz mit wütendem Gebell

ansprang. Die Frau des Hauses, die auf sein Kläffen herauskam, rief ihn zurück und maß mit großen Augen den unerwarteten Besuch. Auf meine Bitte führte sie mich jedoch bereitwillig die steile Holztreppe hinan, auf den kleinen, mit frischem Sand bestreuten Flur, wo sie an eine der Türen klopfte. Ohne lange das Herein abzuwarten, öffnete sie, steckte den Kopf in die Türspalte und meldete: »Eine kleine Jungfer wünscht Sie zu sprechen, Herr Merkenthin«, worauf sie die Tür weit aufsperrte und mit einem schnellen, neugierigen Blick verschwand. Dichter Tabakqualm umfing mich, als ich zögernd näher trat und die Tür hinter mir zuzog; und zuerst sah ich weiter nichts als die mir wohlbekannte, aufrechte Gestalt mit der Jagdjoppe und den hohen Wasserstiefeln, die er, wie ich sah, auch im Hause trug. Auf sein knurriges, doch nicht gerade unfreundliches »Na, was bringst denn du?«, kam ich mutig näher und legte meine Pakete auf den Tisch.

»Das schickt Ihnen die Mutter, Herr Merkenthin, und Sie möchten es nicht übel nehmen, wenn sie diesmal nicht selber käme, es wäre zuviel im Hause zu tun.«

Der Alte hatte unterdessen die Stolle ausgewickelt und die Strickjacke und die Strümpfe mit kritischen Blicken gemustert. Die Besichtigung schien zu seiner Zufriedenheit ausgefallen zu sein, denn er legte alles wie zärtlich unter den kleinen Tannenbaum, der auf einer weißen Serviette auf der Kommode stand, versenkte sich in die Betrachtung seiner Schätze oder hing sonst seinen Gedanken nach; jedenfalls schien er meine Anwesenheit ganz vergessen zu haben.

Meine Augen hatten sich indessen an den Rauch gewöhnt, und ich ließ sie nun in dem kleinen Zimmer umherwandern. Die Wand, an der ich lehnte, wurde fast ganz von einem großen schwarzen Ledersofa ausgefüllt, das mit seinem eingesunkenen Sitz und seinen breiten Armlehnen gewiss von Urgroßmutters Zeiten herstammte. Neben mir, auf einer der Lehnen, lag eine große graue Katze zusammengerollt und schlief. Als ich ihr dickes Fell streichelte, erhob sie sich langsam, machte einen Buckel und gab mir deutlich zu verstehen, dass sie noch mehr gestreichelt sein wollte. In demselben Augenblick flatterte etwas über mir, und als ich hochsah, kam ein größerer Vogel und setzte sich auf meine Schulter. Der alte Christian drehte sich um und brummte: »Magst du Tiere leiden, kleine Doktorn?«

Ich nickte eifrig und stand ganz still, um den kleinen Gast auf der Schulter nicht zu verscheuchen. Des Alten Stimme wurde jetzt etwas sanfter: »Ich mag eigentlich keine Vögel im Zimmer; was in den Wald gehört, soll im Wald bleiben, aber der Bengel will nicht wieder fort, obwohl der gebrochene Flügel lange auskuriert ist. Es ist ein Star und ein kluger Vogel«, fügte er hinzu, und ich sah, wie seine Augen liebevoll nach dem Tierchen hinblickten.

»Verträgt er sich denn mit der Katze?«, fragte ich.

»Oh, mein Peter weiß schon, wie weit er gehen darf«, knurrte der Alte, »und allein lass ich die beiden nicht, einer von ihnen spaziert in die Küche, wenn ich fortgehe. Aber nun setz dich doch auf das Sofa, du hast einen weiten Weg gehabt in der Kälte, ich will dir was Warmes zu trinken holen.«

Er verschwand durch die Tür, und ich streichelte abwechselnd den Vogel, der ruhig auf mei-

ner Schulter blieb, und die Katze, die sich wohlig an meinem Ärmel rieb. Eine geschnitzte Wanduhr tickte laut, und über mich kam ein warmes Gefühl von Heimlichkeit und Weihnachtsfreude. Die Tannenzweige, die hinter dem kleinen Spiegel über der Kommode steckten, und das mit weißen Lichtern geschmückte Bäumchen verbreiteten einen lieben Duft, selbst der Tabakqualm kam mir nun recht gemütlich vor.

Christian kam mit einem Glas Grog aus der Küche; legte einen Pfefferkuchen auf ein vergoldetes Tellerchen, das er aus der obersten Kommodenschublade nahm, und reichte mir beides. Der alte Mann sah recht hilflos und ungeschickt dabei aus, aber mir gefiel es, und mein junges Herz fing an, den bärbeißigen Geber zu verstehen und zu lieben, wie nur Kinder lieben können, schnell und unmittelbar. Ich wollte ihm eigentlich sagen, dass uns solche Getränke verboten seien, fürchtete aber, ihn zu kränken, und schwieg. Tapfer trank ich die scharfe, heiße Brühe, im Stillen hoffend, dass meine Eltern es mir verzeihen würden. War ich doch damals schon zwölf oder dreizehn Jahre alt und begriff, dass Recht und Unrecht nicht so

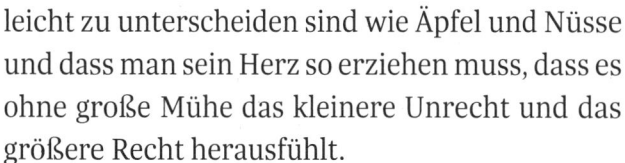

leicht zu unterscheiden sind wie Äpfel und Nüsse und dass man sein Herz so erziehen muss, dass es ohne große Mühe das kleinere Unrecht und das größere Recht herausfühlt.

Der alte Christian sah befriedigt zu, wie ich schluckweise trank und meinen Pfefferkuchen mit der Katze und dem Star teilte. Plötzlich sagte er: »Hast du Zeit, eine Stunde mit in den Wald zu gehen? Du kannst mir tragen helfen.«

Ich nickte und sah ihn erwartungsvoll an. »Nun ja«, fuhr er fort, als er meine fragenden Augen sah, »nun ja, die Kreatur soll doch auch wissen, dass Weihnachten ist.« Damit nahm er den Star-matz von meiner Schulter, ging in die Küche, und ich hörte an seinem Zureden, dass er den Vogel in den Käfig sperrte. Mir brannten die Backen vor Freude; ich ahnte wohl, was der alte Waldhüter, der sein halbes Leben in Gemeinschaft mit den Tieren des Waldes zugebracht hatte, tun wollte, und ich war glücklich, dieser seltsamen Besche-rung beiwohnen zu dürfen. War ich doch von klein auf daran gewöhnt, auch die Tiere als Got-tesgeschöpfe zu betrachten, sie zu schonen und zu lieben, wie ein erwachsener Bruder seine

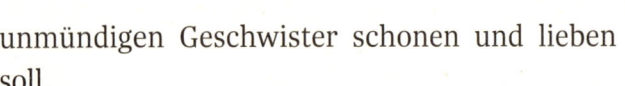

unmündigen Geschwister schonen und lieben soll.

Als der alte Christian gleich darauf mit seiner Pelzmütze, den Wasserstiefeln und einem Sack über der Schulter wieder in die Wohnstube trat, glich er ganz und gar dem Weihnachtsmann aus den Märchen, und ich ließ mir wie im Traum den voll gepackten Henkelkorb über den Arm hängen. Er nahm noch einen Spaten und mehrere Tannenzweige mit und schritt mir voran und die Treppe hinab. »Auf Wiedersehen, Frau Klem«, rief er durch die halb offene Küchentür seiner Wirtin zu, »in ein bis zwei Stunden bin ich wieder da!«

»Gut, Herr Merkenthin«, klang es zurück, und ich ging und öffnete die Haustür.

Der Spitz ließ uns mit leisem Knurren passieren. »Die Menschen sind auch misstrauisch, warum sollte es das Viehzeug nicht sein«, sagte mein Begleiter, »ihm kommt noch mehr Übles zu als unsereinem«, und damit schritten wir der ungefähr eine Viertelstund entfernten Schonung zu.

Die Sonne neigte sich schon tief nach Westen und stand wie eine dunkelrote Scheibe am Himmel; ein kühler Wind strich über die Felder. Wir mussten am Ortskirchhof vorbei, und mein Blick streifte die in tiefen Schnee gebetteten Gräber. Nie war ich bisher im Winter hierher gekommen. Ich kannte den Kirchhof nur voller Grün und Blumen, und eine Ahnung von der Feierlichkeit alles Gewesenen streifte meine junge Seele.

Der alte Christian war stehen geblieben. »Warte ein paar Minuten«, sagte er, »ich bin gleich wieder hier.« Damit stellte er den Sack neben mich, nahm den Spaten und die grünen Zweige und verschwand hinter der eisernen Pforte. Ich sah ihm nach. Ein Schwarm Krähen flog bei seinem Eintritt in die Höhe, und ich verfolgte mit meinen Blicken die Vögel, wie sie krächzend dem Wald zuflogen. Ob die Tiere auch etwas vom Tod wussten?

Aus dem Hause des Totengräbers, der ein Stück weiter die Straße hinauf wohnte, klang plötzlich doppelstimmig: »O du fröhliche, o du selige, Gnaden bringende Weihnachtszeit«, und mein bewegliches Kinderherz streifte mit einem Lächeln die kleine Wehmut ab und wurde wieder hell und weihnachtsfröhlich, als gäbe es keine Kirchhöfe und keine hungrigen Krähen mehr auf der Welt. Jetzt kam auch der alte Christian zurück, aber ohne die grünen Zweige. »Hab meiner guten Frau und der kleinen Käte da drin bloß sagen wollen, dass ich am Weihnachtsabend an sie denke«, brummte er, nahm, ohne mich weiter anzusehen, seinen Sack auf und ging etwas schneller als vorher dem Wald zu. Ich ließ ihn vorausgehen und horchte auf den Klang des Weihnachtsliedes, der noch eine ganze Weile mit uns mitging. Mir war, als wäre ich in der Kirche. Ich hätte dem alten Mann, der seine liebsten Menschen hatte begraben müssen und nun allein unter dem Weihnachtsbaum stehen würde, so herzlich gern etwas Liebes gesagt. Aber ich wusste nicht, wie ich das beginnen sollte, und so ging ich schweigend hinter ihm her. Unvermutet kam mir da meine liebe Mutter in den Sinn. Ich begriff, warum sie gerade dem alten Christian heut eine Herzensfreude bereiten wollte, und eine große Dankbarkeit überkam mich, ein neues schönes Gefühl von Liebe und Erkenntnis. Der Wald, der sich jetzt vor uns ausbreitete, kam mir in seiner weißen Einsamkeit fast schöner vor als im Sommer. Der

Wind hatte sich gelegt, wir hörten nur den weichen Ton unserer Schritte und dann und wann ein leises Knacken im Holz, das von dürren Ästen herrührte, denen die Schneelast zu schwer geworden war.

Christian blieb stehen: »Nun wollen wir unsere Weihnachtstische herrichten«, sagte er, nahm seinen großen Sack von der Schulter und band ihn auf. Was da nicht alles zum Vorschein kam! Hammer und Zange, Bindfaden und Nägel, Messer und Schere; und wozu er wohl all die Strohmatten und zugespitzten Stäbe brauchen würde, die er aus den Tiefen des Sackes hervorholte? Meine Neugierde sollte bald gestillt werden, denn ich musste meinen Korb absetzen und ihm bei seiner wunderlichen Arbeit behilflich sein.

Da, wo dichtes Astwerk den Schnee abgefangen hatte, sodass der Boden nur wenig damit bedeckt war, bauten wir unsere Speisekammern. Zwei Ecken einer Matte banden wir etwa meterhoch an einem Baumstamm fest, während die beiden anderen Ecken auf zwei in der Nähe stehenden Pfählen befestigt wurden. So entstand ein gedeckter kleiner Raum, der den hungrigen Tieren gut zugänglich war. Wir säuberten ihn vollends vom Schnee, und nun kamen auch mein Korb und sein Inhalt an die Reihe. »Hier am Waldrand hält sich Meister Lampe gern auf«, sagte der alte Christian. Dabei holte er Kohlblätter und Rüben aus dem Korb, um sie den Häschen aufzubauen und den Winterhunger zu stillen. »Es ist ein Jammer, wie viel Gutes unnütz auf dem Kehrichthaufen verkommt«, fügte er hinzu, »wo doch so viel dankbares kleines Gesindel in der Welt umherläuft. Ja, ja, der Mensch denkt kaum an seinesgleichen, wie sollte er dann den Tieren gedenken?«

Ich nickte ernsthaft und nachdenklich, und dann gingen wir weiter. Alle fünfhundert Schritte etwa schufen wir ein neues Tischleindeckdich. Aber nicht bloß für die Hasen, auch für die Vögel wurde liebevoll gesorgt. Futterkästen mit allerlei Samen, Sonnenblumen- und Kürbiskernen wurden in Ast und Strauch untergebracht. Talgklöße und Speckschwarten, ja ein paar Gänsegerippe und Bratenkeulen wurden an Bäume gebunden. »Die sind für die Meisen und Spechte, auch für die Rotkehlchen und die anderen kleinen Vögel, denen der Flug übers Meer zu weit ist«, meinte der Christian. »Hoffentlich naschen ihnen die Krähen und Dohlen nicht das Beste weg. Aber die wollen ja auch leben«, fügte er leise hinzu. »Auch dem Bösesten knurrt der Magen, ja, wenn der Hunger nicht wäre, wenn der Hunger nicht wäre!«

So stapften wir weiter durch den dichten Schnee, und während unser Gepäck immer leichter wurde, wurden unsere Herzen immer heller und weihnachtsfreudiger, und ich weiß nicht, wie es kam, plötzlich war mir das schöne Lied auf den Lippen, und ich sang es leise vor mich hin: »Es ist ein Ros entsprungen aus einer Wurzel zart ...«

Der Alte hörte andächtig zu, und als es zu Ende war, wiederholte er: »Mitten im kalten Winter – ja, mitten im kalten Winter, da blüht's oft drinnen am besten auf, aber das wirst du noch nicht verstehen, kleine Doktorn.«

Nein, ich verstand es damals noch nicht. Ich fühlte jedoch, dass der alte Christian was Liebes damit meinte, und fasste nach seiner alten, runzligen Hand.

Das Schönste vom Tage sollten wir aber noch erleben. In einer Lichtung stand plötzlich ein gro-

ßer Hirsch vor uns, und mehrere junge Hirsche und Hirschkühe kamen hinter ihm her. Er hob den Kopf mit dem schönen Geweih und sah uns klug und furchtlos an. Auf das leise Pfeifen des Alten kam er zutraulich näher und das ganze Rudel mit ihm. Wir warfen ihnen Brot und Kartoffeln zu, die sie sogleich verzehrten. Ja, der große Hirsch wurde so dreist, dass er aus meiner ausgestreckten Hand ein Stück Brot nahm, und ihr könnt euch gewiss denken, wie sehr ich mich darüber freute.

»Es ist Schonzeit, da wissen die Tiere, dass sie was riskieren können«, brummte der Alte; aber auch aus seinen grauen Augen zuckte die Freude über das hübsche Bild.

Das schrille Geläut eines Schlittens, der auf der nahen Landstraße daherkam, ließ unsere lieben Gäste jäh auffahren und die Flucht ergreifen. Ich sah ihnen bedauernd nach. »Sie finden schon wieder her, kleine Doktorn«, sagte Christian, »hier ist seit vielen Jahren ihr Futterplatz.«

Nun sah ich erst, dass etwa hundert Schritte von uns ein kleines, festes Strohdach auf Pfählen aufgerichtet war und dass noch geringe Futterreste verstreut umherlagen. Mein Begleiter nahm aus dem Korb reichlich Rosskastanien, Eicheln, getrocknete Lupinen und das noch übrige Brot und baute es dem Wild als Weihnachtsgabe auf.

»Kommen die Rehe auch hierher?«, fragte ich und hoffte im Stillen, auch diese hübschen Tiere nahebei sehen zu dürfen. »Nein, die müssen wir woanders bescheren«, meinte der Alte, »die haben eine feine Nase und lieben den Hirschgeruch nicht. Und wählerisch ist die Bande auch«, fügte er hinzu, »wenn sie nichts Grünes mehr finden, fressen sie höchstens ein bisschen Korn und feines Heu. Na, die sollen auch ihr Teilchen kriegen. Aber aus der Hand werden sie dir wohl kaum fressen. Kleine, es ist ein furchtsames Korps; komm, ich weiß die Stellen, wo sie gern äsen. Sie sollen heute auch was extra Leckeres haben.«

Wir gingen noch etwas tiefer in den Wald und fanden bald an einer versteckten kleinen Lichtung Spuren von Rehwild und einen ähnlichen Futterplatz wie zuvor. Hier legten wir Korn und Heu nieder und verhielten uns eine Weile mäuschenstill. Die kleinen Gäste wollten sich aber nicht blicken lassen.

»Morgen Früh werden sie die Bescherung schon finden«, schmunzelte der Alte und band noch den Rest unserer Vorräte für die Vögel in die Bäume. Es war auch mittlerweile Zeit geworden, an den Heimweg zu denken. Die Sonne war lange untergegangen, und nur der Schnee leuchtete uns aus dem Dickicht hinaus. Es war empfindlich kalt geworden, ich schlug den Mantelkragen hoch und steckte die fast erstarrten Hände in die Ärmel.

»Komm nur, kleine Doktorn«, tröstete mich mein Begleiter, »der Schneiderwirt wohnt nicht weit von hier, der hat einen feinen Schlitten, und schnell wie der Wind sind wir zu Hause. Das wäre doch noch ein herrlicher Weihnachtsspaß, wie?« Und damit zog er mich frierende kleine Person durch das Gewirr der Stämme auf nur ihm bekannten Pfaden vorwärts, und bald waren wir auf der Landstraße. Hier grüßte uns schon von Weitem das grüne Licht einer Laterne, die zum Wirtshaus ›zum Bären‹ gehörte. Peter Holtzen, ein früherer Schneider, hauste darin, und man nannte ihn in der ganzen Gegend den Schneiderwirt. Wir traten mit Behagen in die warme Wirtsstube, und die gute Mutter Holtzen zog mir gleich die nassen Schuhe und Strümpfe aus und hängte sie über die Messinghaken, die in den riesigen grünen Kachelofen eingeschraubt waren. Meine nackten Füße steckte sie in warme Pantoffeln, brachte mir eine Tasse heiße Milch, und nach ein paar Minuten wusste ich nichts mehr von Frost und Kälte.

Der alte Christian trank ein Glas Warmbier, rauchte dazu sein Pfeifchen und plauderte mit Peter, dem Schneiderwirt, über die Schlachten bei Wörth und Sedan und wie kalt es in jenem Winter gewesen war. Und ich hörte den beiden alten Soldaten mit Interesse zu.

»Bist 'ne wackre Dirn«, sagte der alte Christian zu mir, als wir eine halbe Stunde später in dem hübschen Wirtsschlitten unter lustigem Geläute nach Hause fuhren. »Bist 'ne wackre Dirn, kleine Doktorn, ich ließ das Vater und Mutter extra bestellen und viele Grüße und schönen Dank dazu!«

Damit sprang er vor seiner Tür aus dem Schlitten, winkte noch mal mit der Pfeife, und der Kutscher fuhr weiter, meinem elterlichen Hause zu.

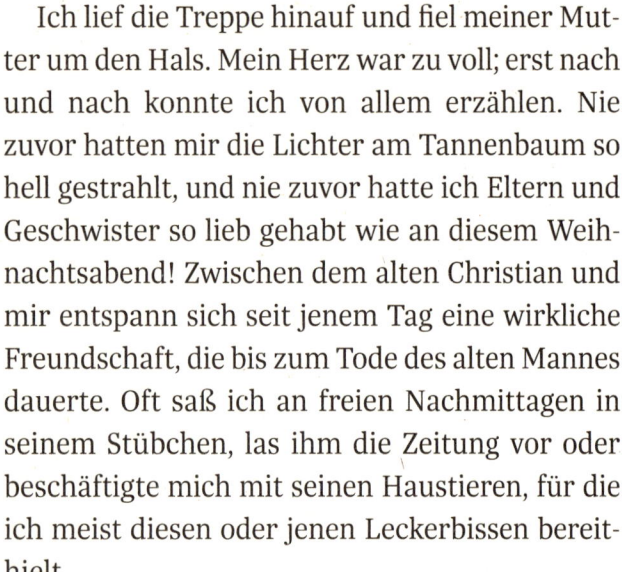

Ich lief die Treppe hinauf und fiel meiner Mutter um den Hals. Mein Herz war zu voll; erst nach und nach konnte ich von allem erzählen. Nie zuvor hatten mir die Lichter am Tannenbaum so hell gestrahlt, und nie zuvor hatte ich Eltern und Geschwister so lieb gehabt wie an diesem Weihnachtsabend! Zwischen dem alten Christian und mir entspann sich seit jenem Tag eine wirkliche Freundschaft, die bis zum Tode des alten Mannes dauerte. Oft saß ich an freien Nachmittagen in seinem Stübchen, las ihm die Zeitung vor oder beschäftigte mich mit seinen Haustieren, für die ich meist diesen oder jenen Leckerbissen bereithielt.

Am Tag vor Weihnachten aber gingen wir regelmäßig in den Wald, um die Tiere zu füttern, und ich sammelte schon Wochen vorher für unsere Lieblinge. Manch ein echtes und kluges Wort ist damals aus dem Mund des alten Christian in meine Seele geglitten und hat dort eigene Weihnachtskerzen angezündet, die hell und lieblich auf meinen Lebensweg leuchteten.

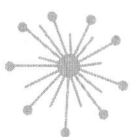

Christbaum

FRIEDRICH WILHELM WEBER

Der Winter ist ein karger Mann,
er hat von Schnee ein Röcklein an;
zwei Schuh von Eis
sind nicht zu heiß;
von rauhem Reif eine Mütze
macht auch nur wenig Hitze.

Er klagt: »Verarmt ist Feld und Flur!«
Den grünen Christbaum hat er nur;
den trägt er aus
in jedes Haus,
in Hütten und Königshallen:
den schönsten Strauß von allen!

Die Weihnachtsbäume

GUSTAV FALKE

Nun kommen die vielen Weihnachtsbäume
Aus dem Wald in die Stadt herein.
Träumen sie ihre Waldesträume
Weiter beim Laternenschein?

Könnten sie sprechen! Die holden Geschichten
Von der Waldfrau, die Märchen webt,
Was wir uns alles erst erdichten,
Sie haben das alles wirklich erlebt.

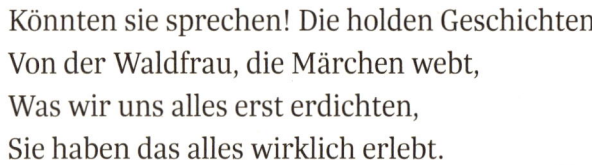

Da stehn sie nun an den Straßen und schauen
Wunderlich und fremd darein,
Als ob sie der Zukunft nicht recht trauen,
Es muss da was im Werke sein.

Freilich, wenn sie dann in den Stuben
Im Schmuck der hellen Kerzen stehn
Und den kleinen Mädchen und Buben
In die glänzenden Augen sehn,

Dann ist ihnen auf einmal, als hätte
Ihnen das alles schon mal geträumt,
Als sie noch im Wurzelbette
Den stillen Waldweg eingesäumt.

Dann stehen sie da, so still und selig,
Als wäre ihr heimlichstes Wünschen erfüllt,
Als hätte sich ihnen doch allmählich
Ihres Lebens Sinn enthüllt;

Als wären sie für Konfekt und Lichter
Vorherbestimmt, und es müsste so sein.
Und ihre spitzen Nadelgesichter
Blicken ganz verklärt darein.

Fliegenbitte

AUGUST HEINRICH
HOFFMANN VON FALLERSLEBEN

Gönnt doch dem kleinen Wintergast
Im warmen Zimmer Ruh und Rast.
Da draußen ist gar schlimme Zeit,
Es stürmt und regnet, friert und schneit.

Ach, mein Begehren ist nur klein,
Ich nehme wenig Raum nur ein!
Im Blumenbusch am Fenster hier,
Da such' ich mir ein Nachtquartier.

Und wird es mir darin zu kalt,
So ist mein liebster Aufenthalt
Beim alten Fritzen auf dem Hut,
Da sitz' ich sicher, warm und gut.

Und kommt der heil'ge Christ heran,
Dann freu' ich mich wie Jedermann,
Weihnachten soll's für mich auch sein,
Ein Kuchenkrümchen wird schon mein.

Drum lass die arme Flieg' in Ruh,
Sie hat ein Recht zu sein wie du.
Nun, liebes Kind, nun freue dich
Und sei noch lustiger als ich!

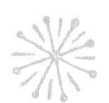

Vom Frieden unter den Menschen

Das Weihnachtsfest war nahe

MARIE VON EBNER-ESCHENBACH

Wir konnten die Tage bis zum 24. Dezember schon an den Fingern abzählen, als sich etwas begab, das uns in die größte Aufregung versetzte. Vor unsern Nasen gleichsam verschwanden unsere Puppen. Auf einmal waren sie alle fort. Eine vollständige Puppenauswanderung hatte stattgefunden. Das Bett, in das meine Schwester gestern noch ihre älteste Tochter, die große Christine, schlafen gelegt hatte – leer. Die Angehörigen Christines hinweggefegt, als ob sie nie da gewesen wären. Meine blonde Fanchette, die freilich von der Blondheit nur noch den Ruf besaß – denn eine geduldige Friseurin war ich nicht –, ebenfalls unauffindbar. Wir kramten ver-

41

geblich nach ihr in unseren Laden, durchforsch-
ten alle Schränke und Winkel. Wir liefen ins Kin-
derzimmer und klagten die armen kleinen Brüder
des Raubes unserer Puppen an. Dass wir auch im
vorigen Jahre kurze Zeit vor Weihnachten densel-
ben Jammer erlebt und dann unter dem Christbaum ebenso viele Puppen, als wir vermisst hatten, mit glänzend lackierten Gesichtern, reichem
Gelock und schön gekleidet sitzen sahen, fiel uns
nicht ein. Oh, wir waren dumme Kinder! Ich
glaube nicht, dass es heutzutage noch so dumme
Kinder gibt.

Pepinka, ärgerlich über die Nachgrabungen,
die wir nun auch in dem von ihr beherrschten
Reiche zu unternehmen begannen, ließ sich zu
einem unvorsichtigen Wort hinreißen. »Geht,
geht! Sucht eure Puppen dort, wo sie sind.«

Wir ließen nicht nach, gaben ihr keine Ruhe,
bis sie endlich, um uns loszuwerden, sagte: »Die
kleine Greißlerin hat sie gestohlen. Grad ist sie
mit der Christine über die Gasse gelaufen.«

Gestohlen also! Unsere Kinder gestohlen!
Durch die kleine Greißlerin – oh, das leuchtete uns
ein. Der konnte man alles Schlechte zutrauen. Ihre

Mutter hatte einen Laden, gerade unter einem der Fenster des Kinderzimmers. Wir kauften dort die Glas- und Steinkugeln, mit denen wir eine Art Kriegsspiel spielten. Von der Mutter erhielten wir immer fünf Stück für einen Kreuzer, von der Tochter nur drei. Genügte das nicht, um uns ein Licht aufzustecken über das ganze Wesen dieser Person? Sie, natürlich, war die Puppenentführerin, sie lief herum mit der Christine, an ihr musste Rache genommen werden. Es musste! Ich war Feuer und Flamme dafür, und es gelang mir, meine Schwester davon zu überzeugen. Auch die sanfteste Mutter kann grausam werden, wenn es Kindesraub zu bestrafen gibt. Am liebsten würden wir die Missetäterin durchgeprügelt haben – woher aber die Gelegenheit dazu nehmen? Sie bei der Frau Greißlerin verklagen? Ach, die tut ihr nichts, die fürchtet sich selbst vor ihr. Was also soll geschehen? Was für ein Gesicht soll unsere Rache haben? Ein schwarzes! – machten wir endlich aus. Es war beschlossen, was der Diebin geschehen soll: Wir werden ihr Tinte auf den Kopf gießen.

Pepinka war ins Nebenzimmer zu den Kleinen gegangen und hatte die Tür geschlossen; wir

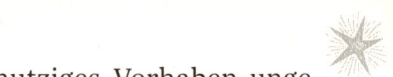

glaubten unser nichtsnutziges Vorhaben unge-
stört ausführen zu können. Ich holte eilends das
Fläschchen herbei, das unsern Tintenvorrat
enthielt; wir schoben in das Fenster, unter dem
der Greißlerladen sich befand, einen Schemel
und bestiegen ihn. Meine Schwester öffnete den
inneren Fensterflügel und mit Mühe nur ein
wenig den äußeren, und ich steckte den mit der
Tintenflasche bewaffneten Arm durch den Spalt.
Jetzt – hinunter mit dem Guss! Hinunter auf die
Greißlerin, die natürlich nichts Besseres zu tun
hat, als dazustehen und ihm ihr schuldiges Haupt
darzubieten.

Die spanische Armada war einst nicht sieges-
gewisser ausgezogen als wir zu unserer Unter-
nehmung – und ihr Schicksal teilten wir. Die Ele-
mente erhoben sich wider uns. Es stürmte an
dem Tage im Rotgässchen wie anno 1588 auf dem
Atlantischen Ozean, und noch dazu gab's ein
Gestöber von weichem Schnee. Ein Windstoß
entriss meiner Schwester den Fensterflügel und
schlug ihn gleich darauf so schnell wieder zu,
dass ich kaum Zeit hatte, meinen ausgestreckten
Arm zurückzuziehen und das Tintenfläschchen

vor dem Sturze zu retten. Sein Inhalt übersprühte die Glasscheibe, tropfte, mit Schnee und Regen vermischt, vom Fenstersimse herab, umhüllte meine Finger mit der Farbe der Trauer.

Laut und lebendig gestaltete sich der Schluss des ganzen Abenteuers. Pepinka musste etwas von unserm Treiben vernommen haben, denn plötzlich stürzte sie herbei. Ihr Antlitz glich dem rot aufgehenden Mond, ihre Haubenbänder flogen – ich weiß noch gut, dass sie eidottergelb waren. »Ihr Verdunnerten!«, rief sie. »Jesus, Maria und Josef, Fenster aufreißen, mitten im Winter! Was fällt euch ein, ihr, ihr ...« Der Rest sei Schweigen. Mögen die Ehrentitel, mit denen sie uns ausstattete, der Vergessenheit anheimfallen.

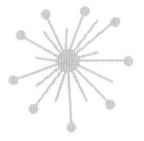

Die Heilige Nacht

LUDWIG THOMA

So war der Herr Jesus geboren
im Stall bei der kalten Nacht.
Die Armen, die haben gefroren,
den Reichen war's warm gemacht.

Sein Vater ist Schreiner gewesen,
die Mutter war eine Magd,
Sie haben kein Geld besessen,
sie haben sich wohl geplagt.

Kein Wirt hat ins Haus sie genommen;
sie waren von Herzen froh,
dass sie noch in Stall sind gekommen.
Sie legten das Kind auf Stroh.

Die Engel, die haben gesungen,
dass wohl ein Wunder geschehn.
Da kamen die Hirten gesprungen
und haben es angesehn.

Die Hirten, die will es erbarmen,
wie elend das Kindlein sei.
Es ist eine G'schicht für die Armen,
kein Reicher war nicht dabei.

Schneelied zu Weihnachten

OTTO JULIUS BIERBAUM

Du trittst mich, singt der Schnee,
Mir aber tuts nicht weh:
Ich knirsche nicht, ich singe;
Dein Fuß ist wie der Bogenstrich,
Dass meine Seele klinge.
Hör und verstehe mich – :
Getreten singe ich,
Und nichts als frohe Dinge.
Denn, die getreten sind
Wissen, es kam ein Kind,
Gar sehr geringe,
In einem Stall zur Welt:
Das hat sein Herz wie ein leuchtendes Licht
In große Finsternis gestellt.

Es wurde zerschlagen. Verloschen ists nicht.

Das Christkind

RAINER MARIA RILKE

»Gestorben« stand in gleichgültigen, brutalen, feuchtleuchtenden Lettern in dem dicken, grünen Krankenhausbuch. In derselben Zeile war zu lesen: II. Stock, Zimmer 12, Nummer 78. Horvát, Elisabeth, Försterstochter, 9 Jahre alt.

Der frühe Februarabend sah wie mit rotgeweinten Büßeraugen, müd und mürrisch, in das Zimmer 12. Die grau-weißen Wände der Krankenstube schienen in dem gleichfarbenen Dämmer zu zerfließen, und das schwarze Holzkreuz schwebte frei in der Luft. Die Eisenbetten waren in verschwommenen Umrissen sichtbar. Die dämmerige Atmosphäre lag wie ein Bann auf den Kindern, deren je zwei ein Lager teilten. Irgendwo in dunkler Ecke weinte eines trostlos und leise, ein ande-

res erzählte mit weicher, vorsichtiger Stimme, als ob es am Bett der kranken Mutter säße, und ein kleines Mädchen, dem Fenster zunächst, hockte aufrecht in den Kissen, die Arme um die aufgestemmten Knie geschlungen. Sein Profil und die rundliche Schulter hoben sich scharf als Silhouette ab von dem blassgrauen Fenster. Und die karbolsatte Luft war so dicht, dass es schien, als prallten die schüchternen Laute des plaudernden Mädchens an ihr ab, und nur das versteckte Weinen aus der dunkeln Ecke bohrte sich mit spitzen Tönen in das Dämmer. So ist es im Wald an den Nebelnachmittagen des Frühherbstes: Die Stimmen aus Bach und Kraut versickern in dem Dunstmeer, und nur das Wimmern windgequälter Wipfel zittert durch den einsamen Tann.

Jetzt trat die wartende Schwester zärtlichen Schrittes in die Stube ein. Sie entzündete die Gasflamme, die, hinter grünem Zeug versteckt, an der Mittelwand des Zimmers angebracht war. – Das mondscheinfarbene Licht flutete weich wie eine an flachem Sande landende Welle durch den Raum und beleuchtete fast gleichmäßig die fünf Eisenbetten. Die Schwester aber schob den Vorhang ein wenig beiseite: ungehemmt, mit rücksichtsloser Gewalt brach das grelle, rote Licht hervor. Eines von den mattschwarzen Wandtäfelchen war jetzt voll beschienen; es trug die Nummer 78. Das Bett darunter war zerwühlt und leer. Die Schwester trat hinzu, entfernte die Linnen und glättete die Matratzen.

Die Kinder waren alle verstummt. Sie folgten jeder Bewegung der Schwester mit geblendeten, lichtscheuen Blicken. Sogar die Kleine in der Ecke weinte nicht mehr. Sie saß aufrecht, den Kopf in beide Fäustchen gepresst, und unter der schneeweißen Stirnbinde glühten ihre Augen, groß, wie eine einzige dunkle Frage.

Die Wärterin warf ihr die Puppe, die sie im verlassenen Lager gefunden, in den Schoß. Das Kind zuckte nur leicht zusammen und rührte das Spielzeug nicht an. Als starrte es in eine grelle vernichtende Flamme, sprühte in seinen Fieberaugen ein unsteter, flackernder Widerschein. Und in unbestimmtem Bangen verkroch sich das Kind, das das Bett mit ihm teilte, unter die Decke.

Da wandte sich die Kleine beim Fenster, und ihre Stimme war wie ein Sonntagslied:

»Ist die Betty jetzt ein Engel?«

Die Schwester nickte und lächelte und breitete mit ihren weißen Händen die hellblaue Hülldecke über das leere Bett.

Der Tod ist ein Nummerwechsel. – Die kleine Elisabeth lag jetzt drunten in der Kammer, deren weiße Außenwände sie oft vom Fenster aus gesehen hatte. Sie war kleiner geworden und brauchte mit ihren abgefrorenen Füßchen wenig Raum in dem schlichten Holzbett, an dem schon die neue Nummer angeheftet war. Die Nummer der Grube da draußen. Die war schon bereit; aber sie gähnte nicht schwarz wie der Rachen eines Untiers. Die hereinbrechende Nacht begann ein schimmerweißes Schneelinnen hineinzuweben, so dass der Platz nett und verlockend aussah wie das Bettchen reicher Kinder. Und die kleine Betty in der stillen Kammer lag so ruhig und getrost da, als wüsste sie das. Die wachsweißen Händchen hielten, wie spielend, ein kleines Holzkreuz, das Haar sonnte wie ein Heiligenschein aus der Spitzenwolke des Sterbekissens, und um die dünnen, blassen Lippen blühte ein wehmütiges Lächeln; so schlingt sich ein Kranz Immortellen um ein vergilbtes Gebetbuchblatt.

Lächelte sie, weil sie schon die liebe Mutter gesehen hatte, die sie nun seit vier Jahren beim lieben Gott erwartete? War die kleine Seele schon auf jungen, schimmerweißen Falterflügeln durch die grauen Nebel, an lauter lächelnden Sternen vorbei, in die ewige Heimat geflogen? Flatterte sie schon über die weite Milchstraße, wo so viele fleißige Engel sitzen, die immer neue Sterne blasen, wie die Kinder auf Erden Seifenkugeln? War sie vielleicht gar schon nahe beim lieben Gott, der einen großen, silbernen Bart haben musste und eine große, leuchtende Krone?

Dorthin dürfen doch reine Seelen?

Und Narben gehen ja nicht durch bis auf die Seele, – nicht wahr?

Sie kriechen nur über das kleine tote Körperchen wie rote, giftige Raupen. – Und wenn der liebe Gott befiehlt, dass die kleine Elisabeth mit diesem Körperchen angetan vor ihm erscheinen sollte, so werden die Wunden daran sicher schon heil sein, und man wird selbst im Himmel, wo es

doch sehr hell ist, nicht einmal einen roten Strich mehr sehen.

Und das ist gut; denn der liebe Gott und die gute Mutter – sie sollen nicht wissen, dass die Stiefmutter die kleine Betty blutig geschlagen hat. Und, dass sie's nie erfahren, das betete wohl die Kleine mit den blassen, gefalteten Händchen und den stillen, toten Lippen in der dunklen Leichenkammer.

Seliger Weihnachtstag, da die Kleinen mit vor Ungeduld trippelnden Beinchen und leuchtenden Augen an der verschlossenen Türe lauschen, hinter der sich helle, duftende Wunder vorbereiten, mit wichtiger Miene der Mutter zusehen, die den Festtagsfisch schmort für das Abendessen, und, alte Lieder auf den frischen Lippen, zum Großmütterchen, das im hohen Ohrenstuhl am plaudernden Feuer träumt, hüpfen und ihm die sanften, faltigen Hände küssen. Und dann kommt wohl auch der Vater heim und bringt, Schneeperlen im Barte, ein tüchtig Stück Winter mit und erzählt vom Christkind, das ihm auf verwehten Wegen begegnet ist, und dass es Haare wie eitel

Gold hat und die Hände voll bunter, prächtiger Dinge. – Und draußen heult der Sturm, und ein Schlitten klingt irgendwo, und alles ist so geheimnisvoll und so groß und so feierlich, dass man es nie mehr vergessen kann – ein ganzes Leben nicht.

Und die kleine Elisabeth hatte es auch nicht vergessen, dass es einmal so war, als Mutter noch lebte und die fremde Frau mit dem roten Gesichte noch nicht mit am Tische aß. Und sie hockte fröstelnd am Herde, in dem ein wildes, ungastliches Feuer loderte.

Ihre Sehnsucht nach der Mutter war auf einmal gar groß. Und als die dicke Frau sie mit Schlägen aus der Küche trieb, da verkroch sie sich wie ein misshandelter Hund in den letzten Winkel unter dem Dache und weinte dort leise in sich hinein. Und es war, als löste sich alles Schwere, Dunkle in ihr in diesen lautlosen Tränen. Sie wusste endlich nur, dass es heute wieder Weihnachten war, und dass alle guten Kinder fröhlich sein müssen, weil das Christkind durch die Welt geht.

Der Vater fand sie dort, strich ihr mit zitternden Fingern durchs Haar und schenkte ihr ein paar Kreuzer – einen ganzen Reichtum für das Kind. Und Betty hüpfte empor und schlang mit lachenden, klaren Augen beide Arme fest um Vaters Hals.

Das war wie ein Abschied.

Zwei Stunden später trippelte die Kleine, Vaters Kreuzer in der rechten Faust, durch die Gassen des Städtchens. Der Weihnachtstag war weiß und windstill, und der körnige Schnee verbrämte, wie weißes Pelzwerk, die dünnen Schuhe des Kindes. Es lief waldwärts. Bei den letzten Häusern traf es eine kleine Gespielin. Die verstellte ihr den Weg und sagte in überlegenem Tone: »Glaubst du, das Christkind kommt auch zu dir?«

Betty schlug die großen, blauen Augen auf und antwortete mit inniger Überzeugung: »Das Christkind kommt zu allen braven Kindern.«

Und die Mittagsglocken klangen groß und ernst in den frostroten Weihnachtstag, als sagten sie ein ›Amen‹ dazu.

Beim letzten Krämer kaufte Elisabeth um ihre Kreuzer ein paar Kerzchen, eine bunte, lange Flitterkette, Zündhölzchen und ein riesiges Herz aus

Lebkuchen. Mit diesen Schätzen beladen lief sie weiter in den Wald, wo ihr schon keine Menschen mehr begegneten, als die, die wegabseits dürres Reisig suchten; und die sahen vergrämt und erfroren aus und achteten nicht des Kindes.

Es gibt eine Stelle im Walde, wo der Abend, der sein Gold, ängstlich wie ein Geizhals, hinter den nächsten Berg trägt, zögernd verweilt, als könnte er sich kaum trennen von der schönen Erde. Dort stehen langstielige weiße Blüten, und die wiegen dann ihre Pracht im veratmenden Winde, wie Kinder, die dem scheidenden Vater ihre Tücher nachschwenken. So – sommers. Allein auch mitten im Winter, da der frühmüde Abend die roten Sohlen durch den schimmernden Schnee schleift, rastet er dort und küsst mit letzter Glut die alte, auf verwitterter Steinsäule wohnende Wegmadonna, die ihm in einsamer Wehmut nachlächelt.

Das war der kleinen Elisabeth liebster Platz. Dorthin war sie oft geflüchtet, brennende Schläge auf dem Rücken, und hatte der vergessenen Himmelskönigin ihr Leid erzählt wie einer Mutter. Und ihr war oft gewesen, als trüge das Steinbild die Züge des toten Mütterchens. Und nun hatte sie die Stelle noch viel lieber. Solang es Blumen gab, verging kein Tag, ohne dass das Kind den rostigen Nagel am Sockel mit frischem Schmuck verdeckte; und, traun, wenn jeder Altar im Lande nur einen solchen Beter fände, Gott müsste der Welt näher kommen!

Auch an diesem Weihnachtsabend ging die Kleine den gewohnten Weg und schleppte den Tand, den sie eingekauft hatte, mit sich. Ein stiller Plan machte ihre Augen glänzen und ihre Füßchen eilen. Sie warf der Steinmadonna einen neckisch-ehrfurchtsvollen Blick zu, der besagen sollte: Gelt, ich bin brav? Heut hast du mich nicht erwartet.

Dann ging sie ohne Zagen ans Werk.

Jenseits des Pfades, an dem die Betsäule stand, begann ein junges Tannengehölz. Das kleine Mädchen wählte einen der vordersten Bäume, dessen Spitze es mit ausgestrecktem Arm eben noch erreichen konnte, und spannte die bunte Papierkette um die waagrechten Zweige, auf denen schon fester Schnee wie glitzernder Demantschmuck prangte. Dann tropfte es die Kerzchen an den Ast-Enden fest, und zugleich mit dem ers-

ten Stern der Heilsnacht gingen die Lichter an dem einsamen Weihnachtsbaum auf.

Das war nun wirklich eine große Pracht. Um die rotschwelenden Kerzchen herum schmolz der Schnee, und das glitzerte und blitzte, dass es eine Freude war. Klein-Elisabeth sagte zuerst ein frommes Sprüchlein vor der Muttergottes her und rief, auf das strahlende Bäumchen weisend: »Freuts dich?« Dann biss sie gar herzhaft in das Lebkuchenherz und stand mit vollen Backen so nah vor dem leuchtenden Tannenbaum, dass der Widerschein des Glanzes in ihren reinen Augen funkelte.

Der ganze weite Wald schien das Christfest mitzufeiern. Die hohen, schwarzen Tannen standen weit im Umkreis wie ehrfurchtsvolle Beter und staunten das just noch so unbedeutende Bäumchen an, wie Menschen ein Wunderkind betrachten. Die fernen Sterne sogar schienen sich über der Stelle zusammenzudrängen, um ja nichts von dem Schauspiel zu verlieren und dem lieben Gott und den Engeln und der guten Mutter der kleinen Elisabeth erzählen zu können, was für ein braves Kind sie wäre.

Auf den dämmerigen Waldwegen aber kamen große schwarze Vögel in neugierigen Sprüngen näher. Die könnten auch Hunger haben, dachte das Kind; Betty verspürte keine Furcht, und so teilte sie das mächtige Kuchenherz mit den gierigen Gästen. Ihr ward so froh und so selig, dass sie hätte singen mögen, wenn sie nur ein recht schönes, würdiges Lied gewusst hätte.

Die Kerzen waren schon ziemlich tief gebrannt; da setzte sich die Kleine zu Füßen des Heiligenbildes hin mit glücklichen Augen und frostblauen Händchen. Aber vom Frieren fühlte sie nichts. Es war so wunderstill um sie, und wenn sie die Augen schloss, so sah sie sich auf dem Schoß der teuren Mutter sitzen in warmer, traulicher Stube. Die Uhr tickte in gemessenem, behäbigem Takte, und der Wind schraubte sich in den prasselnden Kamin. Die Mutter strich ihr leise und zärtlich über den Scheitel und küsste sie mit roten, weichen Lippen mitten auf die Stirn. Und sie war schön, die Mutter, schön, wie die Fee im Märchen von Andersen, und trug eine seltsame Krone im reichen, flutenden Haar. Und sie anschauen – war gut ...

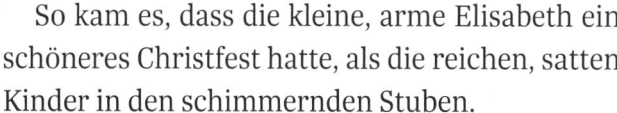

So kam es, dass die kleine, arme Elisabeth ein schöneres Christfest hatte, als die reichen, satten Kinder in den schimmernden Stuben.

Sie war sehr glücklich. Und dieses Glück leuchtete auf dem kleinen Gesichte, wie sie so zu Füßen der Madonnensäule schlief. Die Händchen waren fest und treu gefaltet, und vom Steinbild floss ein schwarzer Schatten über das lächelnde Kind, als hätte die gnädige Himmelsfrau einen schützenden Schleier darüber gebreitet.

Das Bäumchen strahlte noch einmal hell auf in mählich verlöschender Pracht, und es hub ein Schneien an, langsam und feierlich, als schwebten alle Sterne zur Erde nieder.

Zwei Waisenkinder gingen an diesem Weihnachtsabend spät aus der Stadt dorfwärts durch den Wald. Und sie erzählten dem Pfarrer im Dorfe atemlos, mit glänzenden Augen:

»Wir haben das Christkind gesehen – mitten im Wald. Es lag neben einem herrlich leuchtenden Bäumchen und ruhte aus. Und es war schön, das Christkind, – so schön ...«

Die Apfelsine des Waisenknaben

AUTOR UNBEKANNT

Schon als kleiner Junge hatte ich meine Eltern verloren und kam in ein Waisenhaus in der Nähe von London. Es war mehr ein Gefängnis. Wir mussten 14 Stunden täglich arbeiten – im Garten, in der Küche, im Stall, auf dem Felde. Kein Tag brachte eine Abwechslung, und im ganzen Jahr gab es für uns nur einen einzigen Ruhetag.

Das war der Weihnachtstag. Dann bekam jeder Junge eine Apfelsine zum Christfest. Das war alles, keine Süßigkeiten, kein Spielzeug.

Aber auch diese eine Apfelsine bekam nur derjenige, der sich im Laufe des Jahres nichts hatte zu Schulden kommen lassen und immer folgsam war.

Die Apfelsine an Weihnachten verkörperte die Sehnsucht eines ganzen Jahres.

So war wieder einmal das Christfest herangekommen. Aber es bedeutete für mein Knabenherz fast das Ende der Welt. Während die anderen Jungen am Waisenvater vorbeischritten und jeder seine Apfelsine in Empfang nahm, musste ich in einer Zimmerecke stehen und zusehen.

Das war meine Strafe dafür, dass ich eines Tages im Sommer hatte aus dem Waisenhaus weglaufen wollen.

Als die Geschenkverteilung vorüber war, durften die anderen Knaben im Hofe spielen. Ich aber musste in den Schlafraum gehen und dort den ganzen Tag über im Bett liegen bleiben.

Ich war tieftraurig und beschämt. Ich weinte und wollte nicht länger leben. Nach einer Weile hörte ich Schritte im Zimmer. Eine Hand zog die Bettdecke weg, unter der ich mich verkrochen hatte. Ich blickte auf. Ein kleiner Junge namens William stand vor meinem Bett, hatte eine Apfelsine in der rechten Hand und hielt sie mir entgegen. Ich wusste nicht, wie mir geschah.

Wo sollte eine überzählige Apfelsine herge-kommen sein? Ich sah abwechselnd auf William und auf die Frucht und fühlte dumpf in mir, dass es mit der Apfelsine eine besondere Bewandtnis haben müsse. Auf einmal kam mir zu Bewusst-sein, dass die Apfelsine bereits geschält war, und als ich näher hinblickte, wurde mir alles klar, und Tränen kamen in meine Augen, und als ich die Hand ausstreckte, um die Frucht entgegenzuneh-men, da wusste ich, dass ich fest zupacken musste, damit sie nicht auseinanderfiel.

Was war geschehen? Zehn Knaben hatten sich im Hof zusammengetan und beschlossen, dass auch ich zu Weihnachten meine Apfelsine haben müsse. So hatte jeder die seine geschält und eine Scheibe abgetrennt, und die zehn abgetrennten Scheiben hatten sie sorgfältig zu einer neuen, schönen runden Apfelsine zusammengesetzt.

Diese Apfelsine war das schönste Weihnachts-geschenk in meinen Leben.

An
Sophie Liebknecht

ROSA LUXEMBURG

Breslau, Mitte Dezember 1917

Genau vor einem Jahr waren Sie bei mir in Wronke, haben mir den schönen Weihnachtsbaum beschert ... Heuer habe ich mir hier einen besorgen lassen, aber man brachte mir einen ganz schäbigen, mit fehlenden Ästen – kein Vergleich mit dem vorjährigen. Ich weiß nicht, wie ich darauf die acht Lichtlein anbringe, die ich erstanden habe. Es sind meine dritten Weihnachten im Kittchen, aber nehmen Sie 's ja nicht tragisch. Ich bin so ruhig und heiter wie immer.

Gestern lag ich lange wach – ich kann jetzt nie vor ein Uhr einschlafen, muss aber schon um zehn ins Bett, weil das Licht ausgelöscht wird –, dann träume ich mir Verschiedenes im Dunkeln. Gestern dachte ich also: Wie merkwürdig das ist, dass ich ständig in einem freudigen Rausch lebe – ohne jeden besonderen Grund. So liege ich zum Beispiel hier in der dunklen Zelle auf einer steinharten Matratze, um mich im Hause herrscht die übliche Kirchhofstille, man kommt sich vor wie im Grabe; vom Fenster her zeichnet sich auf der Decke der Reflex der Laterne, die vor dem Gefängnis die ganze Nacht brennt. Von Zeit zu Zeit hört man nur ganz dumpf das ferne Rattern eines vorbeigehenden Eisenbahnzuges oder ganz in der Nähe unter den Fenstern das Räuspern der Schildwache, die in ihren schweren Stiefeln ein paar Schritte langsam macht, um die steifen Beine zu vertreten. Der Sand knirscht so hoffnungslos unter diesen Schritten, dass die Öde und Ausweglosigkeit des Daseins daraus klingt in die feuchte, dunkle Nacht. Da liege ich still, allein, gewickelt in diese vielfachen schwarzen Tücher der Finsternis, Langeweile, Unfreiheit des Winters – und dabei klopft mein Herz von einer unbegreiflichen, unbekannten inneren Freude, wie wenn ich im strahlenden Sonnenschein über eine blühende Wiese gehen würde. Und ich lächle im Dunkeln dem Leben, wie wenn ich irgendein zauberhaftes Geheimnis wüsste, das alles Böse und Traurige Lügen straft und in lauter Helligkeit und Glück wandelt. Und dabei suche ich selbst nach einem Grund zu dieser Freude, finde nichts und muss wieder lächeln – über mich selbst. Ich glaube, das Geheimnis ist nichts anderes als das Leben selbst; die tiefe nächtliche Finsternis ist so schön und weich wie Sammet, wenn man nur richtig schaut; und in dem Knirschen des feuchten Sandes unter den langsamen Schritten der Schildwache singt auch ein kleines schönes Lied vom Leben – wenn man nur richtig zu hören weiß ...

Ach, Sonitschka, ich habe hier einen scharfen Schmerz erlebt. Auf dem Hof, wo ich spaziere, kommen oft Wagen vom Militär, voll bepackt mit Säcken oder alten Soldatenröcken und -hemden, oft mit Blutflecken ... die werden hier abgeladen, in die Zellen verteilt, geflickt, dann wieder aufgeladen und ans Militär abgeliefert. Neulich kam so ein Wagen, bespannt statt mit Pferden mit Büf-

feln. Ich sah die Tiere zum ersten Mal in der Nähe. Sie sind kräftiger und breiter gebaut als unsere Rinder, mit flachen Köpfen und flach abgebogenen Hörnern, die Schädel also unseren Schafen ähnlicher, ganz schwarz, mit großen, sanften, schwarzen Augen. Sie stammen aus Rumänien, sind Kriegstrophäen ... Die Soldaten, die den Wagen fuhren, erzählen, dass es sehr mühsam war, diese wilden Tiere zu fangen, und noch schwerer, sie, die an die Freiheit gewöhnt waren, zum Lastdienst zu benutzen. Sie wurden furchtbar geprügelt, bis sie begreifen lernten, dass sie den Krieg verloren hatten und dass für sie das Wort gilt »vae victis« ... dazu bekommen sie, die an die üppige rumänische Weide gewohnt waren, elendes und karges Futter. Sie werden schonungslos ausgenutzt, um alle möglichen Lasten zu schleppen, und gehen dabei rasch zugrunde. – Vor einigen Tagen kam also ein Wagen mit Säcken hereingefahren. Die Last war so hoch aufgetürmt, dass die Büffel nicht über die Schwelle bei der Toreinfahrt konnten. Der begleitende Soldat, ein brutaler Kerl, fing an, derart auf die Tiere mit dem dicken Ende des Peit-

schenstiels loszuschlagen, dass die Aufseherin ihn empört zur Rede stellte, ob er denn kein Mitleid mit den Tieren hätte! »Mit uns Menschen hat auch niemand Mitleid!«, antwortete er mit bösem Lächeln und hieb noch kräftiger ein ... Die Tiere zogen schließlich an und kamen über den Berg, aber eins blutete ...

Sonitschka, die Büffelhaut ist sprichwörtlich an Dicke und Zähigkeit, und die war zerrissen. Die Tiere standen dann beim Abladen ganz still, erschöpft, und eins, das, welches blutete, schaute dabei vor sich hin mit einem Ausdruck in dem schwarzen Gesicht und den sanften schwarzen Augen wie ein verweintes Kind. Es war direkt der Ausdruck eines Kindes, das hart bestraft worden ist und nicht weiß, wofür, weshalb, nicht weiß, wie es der Qual und der rohen Gewalt entgehen soll ... Ich stand davor, und das Tier blickte mich an, mir rannen die Tränen herunter ... Derweil tummelten sich die Gefangenen geschäftig um den Wagen, luden die schweren Säcke ab und schleppten sie ins Haus; der Soldat aber steckte beide Hände in die Hosentaschen, spazierte mit großen Schritten über den Hof, lächelte und pfiff leise einen Gassenhauer. Und der ganze herrliche Krieg zog an mir vorbei.

Schreiben Sie schnell, ich umarme Sie, Sonitschka.

Ihre Rosa

Sonjuschka, Liebste, seien Sie trotz alledem ruhig und heiter. So ist das Leben, und so muss man es nehmen, tapfer, unverzagt und lächelnd – trotz alledem. Fröhliche Weihnachten!

Rosa

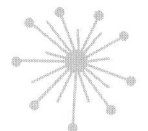

Die drei dunklen Könige

WOLFGANG BORCHERT

Oh, nichts, wisperte er, das sind nur die Nerven. Man hat eben zuviel Angst gehabt.

Er tappte durch die dunkle Vorstadt. Die Häuser standen abgebrochen gegen den Himmel. Der Mond fehlte, und das Pflaster war erschrocken über den späten Schritt. Dann fand er eine alte Planke. Da trat er mit dem Fuß gegen, bis eine Latte morsch aufseufzte und losbrach. Das Holz roch mürbe und süß. Durch die dunkle Vorstadt tappte er zurück. Sterne waren nicht da.

Als er die Tür aufmachte (sie weinte dabei, die Tür), sahen ihm die blaßblauen Augen seiner Frau entgegen. Sie kamen aus einem müden

71

Gesicht. Ihr Atem hing weiß im Zimmer, so kalt war es. Er beugte sein knochiges Knie und brach das Holz. Das Holz seufzte. Dann roch es mürbe und süß ringsum. Er hielt sich ein Stück davon unter die Nase. Riecht beinahe wie Kuchen, lachte er leise. Nicht, sagten die Augen der Frau, nicht lachen. Er schläft.

Der Mann legte das süße mürbe Holz in den kleinen Blechofen. Da glomm es auf und warf eine Handvoll warmes Licht durch das Zimmer. Die fiel hell auf ein winziges rundes Gesicht und blieb einen Augenblick. Das Gesicht war erst eine Stunde alt, aber es hatte schon alles, was dazugehört: Ohren, Nase, Mund und Augen. Die Augen mussten groß sein, das konnte man sehen, obgleich sie zu waren. Aber der Mund war offen, und es pustete leise daraus. Nase und Ohren waren rot. Er lebt, dachte die Mutter. Und das kleine Gesicht schlief.

Da sind noch Haferflocken, sagte der Mann. Ja, antwortete die Frau, das ist gut. Es ist kalt. Der Mann nahm noch von dem süßen weichen Holz. Nun hat sie ihr Kind gekriegt und muss frieren, dachte er. Aber er hatte keinen, dem er dafür die

Fäuste ins Gesicht schlagen konnte. Als er die Ofentür aufmachte, fiel wieder eine Handvoll Licht über das schlafende Gesicht. Die Frau sagte leise: Guck, wie ein Heiligenschein, siehst du? Heiligenschein, dachte er, und er hatte keinen, dem er die Fäuste ins Gesicht schlagen konnte. Dann waren welche an der Tür. Wir sahen das Licht, sagten sie, vom Fenster. Wir wollen uns zehn Minuten hinsetzen. Aber wir haben ein Kind, sagte der Mann zu ihnen. Da sagten sie nichts weiter, aber sie kamen doch ins Zimmer, stießen Nebel aus den Nasen und hoben die Füße hoch. Wir sind ganz leise, flüsterten sie und hoben die Füße hoch. Dann fiel das Licht auf sie.

Drei waren es. In drei alten Uniformen. Einer hatte einen Pappkarton, einer einen Sack. Der dritte hatte keine Hände. Erfroren, sagte er, und hielt die Stümpfe hoch. Dann drehte er dem Mann die Manteltasche hin. Tabak war darin und dünnes Papier. Sie drehten Zigaretten. Aber die Frau sagte: Nicht, das Kind.

Da gingen die vier vor die Tür, und ihre Zigaretten waren vier Punkte in der Nacht. Der eine hatte dicke umwickelte Füße. Er nahm ein Stück Holz

aus seinem Sack. Ein Esel, sagte er, ich habe sieben Monate daran geschnitzt. Für das Kind. Das sagte er und gab es dem Mann. Was ist mit den Füßen?, fragte der Mann. Wasser, sagte der Eselschnitzer, vom Hunger. Und der andere, der dritte?, fragte der Mann und befühlte im Dunkeln den Esel. Der dritte zitterte in seiner Uniform. Oh, nichts, wisperte er, das sind nur die Nerven. Man hat eben zuviel Angst gehabt. Dann traten sie die Zigaretten aus und gingen wieder hinein.

Sie hoben die Füße hoch und sahen auf das kleine schlafende Gesicht. Der Zitternde nahm aus seinem Pappkarton zwei gelbe Bonbons und sagte dazu: Für die Frau sind die.

Die Frau machte die blassen Augen weit auf, als sie die drei Dunklen über das Kind gebeugt sah. Sie fürchtete sich. Aber da stemmte das Kind seine Beine gegen ihre Brust und schrie so kräftig, dass die drei Dunklen die Füße aufhoben und zur Tür schlichen. Hier nickten sie nochmal, dann stiegen sie in die Nacht hinein.

Der Mann sah ihnen nach. Sonderbare Heilige, sagte er zu seiner Frau. Dann machte er die Tür zu. Schöne Heilige sind das, brummte er und sah nach den Haferflocken. Aber er hatte kein Gesicht für seine Fäuste.

Aber das Kind hat geschrien, flüsterte die Frau, ganz stark hat es geschrien. Da sind sie gegangen. Kuck mal, wie lebendig es ist, sagte sie stolz. Das Gesicht machte den Mund auf und schrie.

Weint er?, fragte der Mann.

Nein, ich glaube, er lacht, antwortete die Frau.

Beinahe wie Kuchen, sagte der Mann und roch an dem Holz, wie Kuchen. Ganz süß.

Heute ist ja auch Weihnachten, sagte die Frau.

Ja, Weihnachten, brummte er, und vom Ofen fiel eine Handvoll Licht hell auf das kleine schlafende Gesicht.

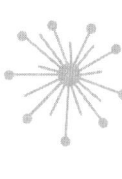

Vom
inneren Frieden

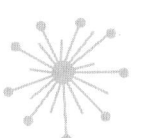

Will das Glück nach seinem Sinn

VOLKSGUT

Will das Glück nach seinem Sinn
dir was Gutes schenken,
sage Dank und nimm es hin
ohne viel Bedenken.

Jede Gabe sei begrüßt,
doch vor allen Dingen:
Das, worum du dich bemühst,
möge dir gelingen!

Vorfreude auf Weihnachten

JOACHIM RINGELNATZ

Ein Kind – von einem Schiefertafel-
    Schwämmchen
Umhüpft – rennt froh durch mein Gemüt.

Bald ist es Weihnacht! – Wenn der Christbaum
    blüht,
Dann blüht er Flämmchen.
Und Flämmchen heizen. Und die Wärme stimmt
Uns mild. – Es werden Lieder, Düfte fächeln. –
Wer nicht mehr Flämmchen hat, wem nur noch
Fünkchen glimmt,
Wird dann doch gütig lächeln.

Wenn wir im Traume eines ewigen Traumes
Alle unfeindlich sind – einmal im Jahr! –
Uns alle Kinder fühlen eines Baumes.

Wie es sein soll, wie's allen einmal war.

Weihnachten in Cochinchina

JOSEPH ROTH

Es geschah an einem der wunderbaren Tage, die dem Anbruch der Weihnachtsferien mit angehaltenem Atem vorangingen und die ich damals den schulfreien Zeiten ebenso vorzog, wie ich heute den Tag meiner Abfahrt einer langen Reise vorziehe, dass der Herr Lehrer sagte:

»Jungens, wer fünf Pfennige hat, kommt heute Nachmittag hierher in die Klasse, wir gehen ins Weltpanorama!«

Ich streckte zwei Finger in die Höhe und sagte: »Ich habe keine fünf Pfennige!«

Einen Augenblick herrschte Schweigen, wie wenn der Herr Direktor inspizieren gekommen wäre. Der Lehrer hatte sich umgewandt, den

Rücken kehrte er der Klasse zu, das Angesicht der Tafel, als glaubte er, dass von ihr ein Gedanke komme, dass auf ihrer matten, schwarzen Fläche ein unsichtbarer Engel mit weißer Kreide einen guten Rat hinschreiben könnte. Wahrscheinlich geschah etwas Ähnliches. Denn nach ungefähr einer Minute wandte der Lehrer sein Gesicht wieder der Klasse zu und sagte zu mir, der ich immer noch stand: »Setz dich vorderhand!«

In der Pause kam der Schuldiener in den Hof und holte mich zum Herrn Direktor in die Kanzlei.

»Zeig deine schmutzigen Finger her!«, schrie der Herr Direktor.

Ich hielt beide Hände in die Luft, waagrecht vor mich hin.

Der Herr Direktor beugte sich ein wenig hinab, um sie zu betrachten. Er hatte aber nicht den goldgeränderten Zwicker angelegt, wie er es sonst zu tun pflegte, wenn er etwas ernstlich zu untersuchen entschlossen war. Ich wusste bereits, dass es sich um etwas ganz anderes handelte als um meine schmutzigen Finger.

»Du gehst heute mit ins Weltpanorama, ohne zu zahlen!«, sagte der Herr Direktor. Vielleicht

hätte er mir noch etwas mitzuteilen gehabt. Aber es läutete schon. Deshalb murmelte er nur: »Geh in die Klasse!«

Ich kratzte mit dem Fuß die Diele und ging.

Am Nachmittag um drei Uhr, die Dämmerung lauerte schon an den Fenstern, brachen wir auf zum Weltpanorama.

Es lag in einer stillen, kleinen Gasse und sah von außen einem gewöhnlichen Laden ähnlich. Über der Glastür hing eine rot-weiße Fahne. Öffnete man die Tür, so erklang eine Glocke wie ein Gruß. Am Eingang saß eine Dame wie eine grauhaarige Königin und verkaufte Eintrittskarten. Drinnen war es dunkel, warm und sehr still. Sobald sich die Augen an die Dunkelheit gewöhnt hatten, erblickten sie einen Kasten, rund wie ein Karussell, hoch wie der halbe Raum, mit Gucklöchern in Mannshöhe die ganze Rundung entlang, in Abständen von etwa je zwanzig Zentimetern. Die Gucklöcher an dem Kasten leuchteten wie Katzenaugen in der Finsternis. Man ahnte, dass der Kasten innen hohl und beleuchtet war. Unten stahl sich aus seinem Innern ein schwacher, geheimnisvoller Schim-

mer und verschwamm auf dem Fußboden. Vor jedem Guckloch-Paar stand ein runder Klaviersessel.

»Setzen!«, sagte der Herr Lehrer, es klang wie in der Klasse, aber in der Finsternis war es kein Befehl, sondern nur eine Art milder Einladung.

Wir rückten mit den Stühlen, ich saß, weil ich zu klein war, nicht ganz, sondern hatte den runden Sessel gleichsam halb gelüftet und presste meine Nase gegen die Wand des Kastens, meine Augen gegen die Gucklöcher, die von Metall umrahmt waren.

Drinnen erschienen Bilder aus Cochinchina. Der Himmel war blau, unendlich, strahlend. Es war jene Art von sommerlichem Blau, das so aussieht, als hätte es in sich eine Menge Sonnengold verschluckt, verwischt, zerrieben und in noch mehr Blau verwandelt. Man hatte die Empfindung, dass dieser blaue Himmel strahlen müsste, auch wenn er keine Sonne zu tragen hätte. Aber zum Überfluss schien auch noch die Sonne. Nach dem zweiten Bild wusste ich nicht mehr, dass draußen Dezember war und Regen in gasförmigem Aggregatzustand in der Luft.

Die Sonne rann aus dem Kasten durch die Augen ins Herz und gleichzeitig in die Welt. Unbeweglich wie eine Art Naturtürme ragten riesenhohe Palmen und warfen einen kurzen, mittäglichen Schatten, der sich scharf und schwarz auf dem gelben Boden abzeichnete. Weiße Männer in Tropenhelmen standen da wie eingeklebt, mitten im Gehen aufgehalten, ein Fuß schwebte immer noch in der Luft – und man glaubte, er werde die Erde berühren, sobald das nächste Bild erschienen wäre. Man sah halbnackte Eingeborenenfrauen mit erregenden Brüsten, wie schöne, bronzene Kegel, die allzuschnell verschwanden, und mit blauen Lendenschurzen, die gewiss abgefallen wären, wenn man die Bilder hätte halten können. Man sah eine Schule im Freien. Eine vollkommen zugeknöpfte Lehrerin aus Europa unterrichtete völlig nackte Kinder. Alle hielten Schiefertafeln im Schoß und saßen auf ihren eigenen Füßen. Nur die Lehrerin saß erhöht auf einem umgelegten Baum, einem Elementarkatheder. Man sah Fischer und Badende, einen Radfahrer mit einem Giradihut und eine Dame mit einem wehenden Reiseschleier, der hinter ihr weiß und waagrecht durch die Luft schwamm, wie Rauch hinter dem Schornstein eines Dampfers. Sooft ein neues Bild erschien, räusperte sich etwas im Kasten, wie in alten Uhren, ehe sie schlagen. Dann erklang ein leiser, heller, lieblicher Gongschlag. Dann erfolgte eine leise Erschütterung, es bebte das Gefüge des runden Apparates, als ächzte er unter der Mühe, so viele fremde, ferne Welten heranzuholen. Immer tiefer wurde das Blau, strahlender das Weiß, goldener die Sonne, azuren wurde das Grün, aufregender die regungslosen Frauenleiber, anmutiger die nackten Kinder.

Nach einer halben Stunde wiederholte sich das erste Bild.

Da ertönte die Stimme des Lehrers wie Dezember: »Aufstehn!«

Ich trottete betäubt nach Hause. Es war, als wäre der Dezember ein Traum, der bald vorbei sein, und Cochinchina die Wirklichkeit, in die ich bald erwachen müsste. So blieb es eigentlich viele Jahre lang. In mir lag Cochinchina, wie in jenem Kasten.

Vor einem Jahr, um die Weihnachtszeit, kam ich in eine kleine Stadt. In einer schmalen, engen Gasse erblickte ich ein Schild: »Weltpanorama«, stand darauf. »Cochinchina!«, jubelte meine Erinnerung. Ich ging hinein – nicht mehr umsonst, es kostete fünfzig Pfennige für Erwachsene, zu denen ich merkwürdigerweise gezählt wurde. Es war fast leer. Der Kasten räusperte sich, der Gong schlug an, genau wie damals. Aber auf den Bildern war nicht mehr Cochinchina zu sehen. Man zeigte vielmehr die Schweiz. – Leider. – Mitten im Winter. – Schneegipfel.– Ein Hotel mit modernem Komfort, mit einer Lesehalle. – Ich lehnte mich zurück. Zwei Stühle von mir entfernt saß ein älterer Herr. Er sah, wie mir schien, leidenschaftlich interessiert durch die Gucklöcher. Welch ein langweiliger Kerl!, dachte ich voller Gehässigkeit, mitten in der Weihnachtszeit.

Als ich aber wieder draußen stand, wurde ich sanft und gerecht. Vielleicht – so dachte ich – hat er in seiner Knabenzeit gerade die Schweiz sehen dürfen. – Umsonst. – Vor Weihnachten. – Und: Schließlich hat jeder sein Cochinchina.

Der kleine Nimmersatt

HEINRICH SEIDEL

Ich wünsche mir ein Schaukelpferd,
'ne Festung und Soldaten
Und eine Rüstung und ein Schwert,
Wie sie die Ritter hatten.

Drei Märchenbücher wünsch' ich mir
Und Farbe auch zum Malen
Und Bilderbogen und Papier
Und Gold- und Silberschalen.

Ein Domino, ein Lottospiel,
Ein Kasperletheater,
Auch einen neuen Pinselstiel
Vergiss nicht, lieber Vater!

Ein Zelt und sechs Kanonen dann
Und einen neuen Wagen
Und ein Geschirr mit Schellen dran,
Bei'm Pferdespiel zu tragen.

Ein Perspektiv, ein Zootrop,
'ne magische Laterne,
Ein Brennglas, ein Kaleidoskop
Dies Alles hätt' ich gerne.

Mir fehlt – ihr wisst es sicherlich –
Gar sehr ein neuer Schlitten,
Und auch um Schlittschuh' möcht ich
Noch ganz besonders bitten.

Um weisse Tiere auch von Holz
Und farbige von Pappe,
Um einen Helm mit Federn stolz
Und eine Flechtemappe.

Auch einen grossen Tannenbaum,
Dran hundert Lichter glänzen,
Mit Marzipan und Zuckerschaum
Und Schokoladenkränzen.

Doch dünkt dies Alles euch zu viel,
Und wollt ihr daraus wählen,
So könnte wohl der Pinselstiel
Und auch die Mappe fehlen.

Als Hänschen so gesprochen hat,
Sieht man die Eltern lachen:
»Was willst du, kleiner Nimmersatt,
Mit all den vielen Sachen?«

»Wer soviel wünscht«, – der Vater spricht's –
»Bekommt auch nicht ein Achtel –
Der kriegt ein ganz klein wenig Nichts
In einer Dreierschachtel.«

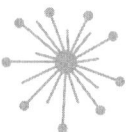

Was der Teekessel summt

ELSE URY

Winter war's – eisiger Winter, fußhoch lag der Schnee auf der Landstraße, und immer noch wirbelten die dichten Flocken zur Erde hernieder.

Der Sturmwind brauste und heulte, er schüttelte die schneebedeckten Äste der Bäume, unter seiner Wucht bog und wand sich der uralte Lindenbaum, der durch die beschlagenen Scheiben in das verschneite Pfarrhaus lugte, das gar freundlich mit seinen hellen Fenstern in die weiße Landschaft hinausleuchtete.

Warm und traulich war es da drinnen; auf weißgedecktem Tisch stand der große Christbaum, seine Kerzen flimmerten, man feierte Weihnacht.

Aber die Bescherung hatte noch nicht stattgefunden; die zierliche Frau Pastor hantierte noch emsig an dem großen Geschenktisch, hier rückte sie ein warmes Kleid mehr ins Licht, dort ordnete sie das Märchenbuch und den Laubsägekasten, und dazwischen lief sie wieder aufgeregt an das Fenster und spähte hinaus.

Nach ihrem Jungen schaute sie, der in der nächsten Stadt die Schule besuchte und heut' zum lieben Weihnachtsfeste heimkehrte.

»Wo bleibt er nur?«, fragte sie ängstlich ihren Mann, der in der Heiligen Schrift blätterte.

»Kind«, sagte der Pastor lächelnd, »du hast die Weihnachtslichte zu früh angezündet; bei diesem hohen Schneefall kommt man selbst mit dem Schlitten nur langsam vorwärts.«

Da vernahm man durch das Pfeifen des Sturmes helles Schellengeläut, immer näher und näher ertönte es.

»Viktor kommt«, rief die Mutter, griff nach dem großen Umschlagetuch und lief vor die Haustür.

Unter dem alten Lindenbaum hielt der Schlitten; aber der kleine Knabe, der drinnen saß,

sprang nicht fröhlich wie sonst heraus, langsam und schwerfällig stieg er vom Schlitten, und als die Mutter nun glückselig die Arme um ihren Jungen schlang, da fühlte sie, wie er vor Kälte zitterte.

»Viktor«, rief Frau Pastor, »mein armer Junge, du bist ja ganz erstarrt, geschwind in die warme Stube mit dir, dass du auftaust«, und sie zog ihn ins Haus.

Weihnachtlicher Duft von Tannen, frischem Kuchen und Weihnachtskarpfen durchwehte das Pfarrhaus, aber der Kleine merkte nichts davon. Seine Zähne klapperten vor Frost, die Augen glänzten, und kalte Schauer jagten ihm über den Leib; keinen Blick hatte er für den flammenden Christbaum!

»Junge«, rief der Vater und fasste besorgt nach den Händen des Kleinen, »du fieberst ja, du hast dich bei dem eisigen Winde erkältet, geschwind ins Bett mit dir!«

Die Mutter brachte ihren Jungen ins Bett, warme Decken breitete sie sorglich um ihn, stellte den blanken Teekessel vor ihm auf den Tisch, zündete das Spiritusflämmchen unter dem Kessel

an und schüttete getrocknete Lindenblüten in die Kanne, denn Lindenblütentee war gut gegen das Fieber.

Dann ging sie leise hinaus. –

Mit weit geöffneten, fieberglänzenden Augen lag Viktor im Bett; eine wohltuende Wärme zog bald durch seinen Körper, wie lustig das Flämmchen unter dem Kessel flackerte!

Da begann der Teekessel auch schon zu summen. –

»Sehen Sie sich vor, Fräulein Lindenblüte«, summte er zu dem Tee in der Kanne, »gleich komme ich und verbrühe Sie, seien Sie auf der Hut.«

»Das schadet nichts«, sagte die Lindenblüte lächelnd, »das ist nun einmal mein Schicksal, wenn nur der kleine Viktor durch mich wieder gesund wird!«

»Das wird er sicher«, nickte der Teekessel, »wenn ich es sage, dürfen Sie es mir glauben, kein Mensch hat so viel Spiritus wie ich!« –

»Spiritus«, dachte Viktor, der alles mit anhörte, und presste die Hand gegen die pochenden Schläfen, »Spiritus – was hieß das doch gleich?

Richtig – es hieß Geist« – gestern hatte er es erst aus der lateinischen Grammatik gelernt.

»Erzählen Sie mir etwas, Fräulein Lindenblüte«, summte der Teekessel wieder, »eine Geschichte aus Ihrem Leben.«

»O«, wehrte die Lindenblüte bescheiden ab, »ich bin noch so jung, vom vorigen Sommer stamme ich erst, Sie haben schon so viel erlebt, Herr Teekessel, Sie verstehen so gut zu erzählen, ich höre lieber zu.«

»Schön« – summte der Teekessel, »wollen Sie eine Geschichte hören von Ihrer Heimat, dem alten Lindenbaum?«

»Ja – bitte – bitte«, bat die Lindenblüte.

Und der Teekessel summte:

»Viele, viele Jahre wohne ich nun schon hier in dem Pfarrhaus, fast so lange wie der alte Lindenbaum draußen vor der Tür!«

Damals war Viktors Großvater hier Pastor, und Viktors Vater, der Wilhelm, war dazumal noch ein kleiner Bube. Sie wissen, Fräulein Lindenblüte, ich habe nur im Winter zu arbeiten, im Sommer aber stehe ich schön geputzt auf dem Tischchen vorm Fenster und ruhe mich aus, hin und wieder

nur schwatz ich ein Stündchen mit meinem alten Freunde, dem Lindenbaum.

Da sah ich oft den kleinen Wilhelm sich mit dem blonden, kleinen Mädchen des Küsters um den großen Lindenbaum jagen, wie ein Reh huschte die Kleine um den dicken Stamm.

»Evchen«, rief der Knabe hinter ihr her. –

»Evchen«, dachte der kleine, fiebernde Viktor in seinem Bettchen, »Evchen heißt ja mein Mütterlein!«

Aber der Teekessel summte schon weiter:

»Aber er konnte sie nicht greifen, und ich stand am Fenster und freute mich über die schnellen Beinchen der kleinen Eva. Eines Tages aber, als sie sich wieder um den Lindenbaum haschten, hielt er sie plötzlich an ihren langen Blondzöpfen fest, und – eins – zwei – drei – gab er ihr einen Kuss. Da aber riss sich das Evchen los, versetzte dem Wilhelm eine schallende Ohrfeige und lief davon. Der Wilhelm rieb sich die brennende Wange, aber der Lindenbaum und ich, wir freuten uns über den Backenstreich – was hatte er auch das Evchen zu küssen?

Nun war es aus mit der Freundschaft der beiden; scheu gingen sich die Kinder aus dem Wege, aber als nun der Wilhelm nach der Stadt aufs Gymnasium sollte, kletterte er doch noch vorher auf den Lindenbaum und spähte in den Nachbargarten.

Da stand das Evchen am Zaun, und als sie den Wilhelm im Lindenbaum erblickte, sprang sie geschwind herüber, um Abschied von ihm zu nehmen. Sie stieg auf die Bank und brach ein blühendes Lindenzweiglein, das gab sie dem Wilhelm zur Erinnerung mit in die Fremde, und der Knabe hat das Zweiglein gut verwahrt. Wenn der Wilhelm zu den Ferien heimkehrte, wunderten die Kinder sich gegenseitig, wie sie gewachsen, und auch wir beide, der Lindenbaum und ich, wir waren erstaunt, wie groß sie wurden.

Bald zog der Wilhelm mit der bunten Studentenmütze zur Universität, und als er sein Examen bestanden und heimkehrte, da war Evchen ein schönes, großes Mädchen geworden. Die langen Blondzöpfe hatte sie jetzt um den Kopf gesteckt.

Und eines Abends, im Sommer war es, der Lindenbaum blühte gerade, da haschten sich die zwei wieder um seinen Stamm.

Ich wunderte mich sehr darüber, und auch der Lindenbaum schüttelte erstaunt seine Zweige, sie waren doch keine Kinder mehr! Aber wie verwunderten wir uns erst, als der Wilhelm das Evchen wieder erwischte, ihr wieder wie damals einen Kuss gab, und sie sich's ruhig gefallen ließ und ihm gar keine Ohrfeige gab! Im Gegenteil – sie wurde Wilhelms Braut, und manch liebes Mal saßen die beiden unter dem blühenden Lindenbaum. Und wir zwei, die Linde und ich, wir freuten uns über das junge Paar!

Der alte Pastor starb, und Wilhelm wurde sein Nachfolger. Und eines schönen Tages rieb man mein blankes Kleid noch viel glänzender, und vom Lindenbaum pflückte man die grünen Blätter und wand sie zu Girlanden, da führte der Pastor Evchen als seine junge Frau ins Pfarrhaus.

Liebevoll säuberte und putzte mich die junge Frau Pastor jeden Tag, und meine schönsten Weisen summte ich zum Dank dafür in den langen Winterabenden, wenn sie mit der Näharbeit bei der brennenden Lampe saß, und der Herr Pastor an seiner Predigt arbeitete.

Ach – war das gemütlich!

Und im nächsten Sommer saßen sie unter dem Lindenbaum, und neben ihnen stand der Kinderwagen, drin schlummerte ein dicker Bube, das war der Viktor hier! Ja – das waren schöne Tage!«, summte der Teekessel vor freudiger Erinnerung so laut, dass das Wasser in großen Blasen gegen den Deckel sprang. –

Da ging die Tür, der Teekessel schwieg, aber die eintretende Frau Pastor ergriff ihn und goss das Wasser auf die Lindenblüte.

Dann flößt sie dem Knaben von dem heißen Tee ein, und bald schlummerte Viktor sanft.

Der Lindenbaum draußen lugte zum Fenster hinein und freute sich über den sanften Schlummer des Kleinen, und der Teekessel blickte ganz stolz, denn eigentlich war das doch sein Werk!

Am nächsten Tage war der Viktor wieder gesund, und als er am Abend gemütlich mit den Eltern beim summenden Teekessel saß, da horchte er ganz genau zu, aber er hörte nur sum – sum – sum, ja – nur in der Weihnachtsnacht versteht man, was der Teekessel summt!

Zum 24. Dezember

THEODOR FONTANE

Noch einmal ein Weihnachtsfest,
Immer kleiner wird der Rest
Aber nehm' ich so die Summe
Alles Grade, alles Krumme,
Alles Falsche, alles Rechte,
Alles Gute, alles Schlechte –
Rechnet sich aus all dem Braus
Doch ein richtig Leben raus.
Und dies können ist das Beste
Wohl bei diesem Weihnachtsfeste.

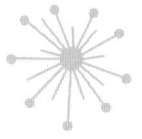

Auf einem Berg aus Zuckerkant

ARNO HOLZ

Auf einem Berg aus Zuckerkant,
unter einem blühenden Machandelbaum,
blinkt mein Pfefferkuchenhäuschen.

Seine Fensterchen sind aus Goldpapier,
aus seinem Schornstein raucht Watte.

Im grünen Himmel, über mir, rauscht die
      Weihnachtstanne.

In meinem See aus Staniol
spiegeln sich alle ihre Engel, alle ihre Lichter!

Die kleinen Kinder stehn rum
und staunen mich an.

Ich bin der Zwerg Turlitipu.

Mein dicker Bauch ist aus Traganth,
meine Beinchen Streichhölzer,
meine listigen Aeugelchen
Korinthen.

Christbaumnüsse

HANNS VON GUMPPENBERG

Kehrt der Weihnachtsabend wieder,
　　Friedvoll und verheißungshold,
Schmückt man viele tauben Nüsse
　　Festlich mit dem Flittergold.

Und die goldnen Nüsse leuchten
　　herrlich in dem Lichtermeer,
Wundersame Märchenfrüchte –
　　Innen aber sind sie leer.

Und wie reich die schönen schimmern
　　So von außen, so von fern,
Höher wären sie zu schätzen,
　　Bärgen sie den süßen Kern:

Dienten sie nicht blos den Träumen
    Eine Stunde oder zwei
Gäben sie auch brav zu zehren,
    Wenn das Friedensfest vorbei.

Vom göttlichen Frieden

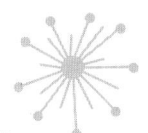

Weihnachtslied

THEODOR STORM

Vom Himmel in die tiefsten Klüfte
Ein milder Stern herniederlacht;
Vom Tannenwalde steigen Düfte
Und hauchen durch die Winterlüfte,
Und kerzenhelle wird die Nacht.

Mir ist das Herz so froh erschrocken,
Das ist die liebe Weihnachtszeit!
Ich höre fernher Kirchenglocken
Mich lieblich heimatlich verlocken
In märchenstille Herrlichkeit.

Ein frommer Zauber hält mich wieder,
Anbetend, staunend muss ich stehn;
Es sinkt auf meine Augenlider
Ein goldner Kindertraum hernieder,
Ich fühl's, ein Wunder ist geschehn.

Alle sind beflügelt von der Festfreude ...

PAULA MODERSOHN-BECKER

Und der innere Sonnenschein, den ein jeder in sich trägt, der macht goldene Brücken. Und dann weißt du, ist solch ein Fest für Frauen, denn diese Mutterbotschaft lebt ja immer noch weiter in jedem Weibe, das ist alles so heilig. Das ist ein Mysterium, das für mich tief und undurchdringlich zart und allumfassend ist. Ich beuge mich ihm, wo ich ihm begegne. Ich knie davor in Demut.

Die Christmette

JOHANNES LINKE

Ganz oben am Waldrande erschien das erste Licht. Es entschwebte dem Tor der Schellhornhütte, blieb einen Augenblick unbewegt stehen wie ein Stern und schwankte dann langsam hangab. Wie es ein Weilchen auf dem Wege war, tauchte ein neues Licht drüben bei der Waldwärterhütte aus der Dunkelheit, und dann erglomm eines ganz unten, wo der Bach die Schwelle füllt, einen Atemzug später schimmerte eins an der letzten Spitze der Rodung gegen das Moosegger Tal zu, aus dem Zöllnerhause flog ein Licht, heller als die andern, und dann sandte jede der übrigen Hütten ihr Lichtlein aus, sodass auf dem weiten, verschneiten Hange der Rodung eine Sternenwanderschaft anging wie in einer milden Sonnwendnacht, wenn die Johanniswürmchen aus dem Walde schweben.

Mitunter erlosch eines einen Augenblick, wenn es durch eine Hohlgasse zwischen zwei Steinmauern, hinter einer Schneewehe oder an einem Eisbuckel vorbeigetragen ward, dann aber schimmerte es umso heller auf und breitete wie die andern einen rötlichen Schein auf den Schnee. Langsam kamen sie aufeinander zu, denn es war ein beschwerliches Gehen in dieser Nacht bei dem frischen, tiefen Schnee und den kaum getretenen Steigen, aber sie fanden sich allmählich immer näher, und der Umkreis, den sie durchwanderten, ward immer enger und enger, dann blieb eines stehen, ein zweites, ein drittes gesellte sich ihm, und schließlich standen sie alle bis auf wenige Nachzügler beisammen auf dem aufgemauerten Vorplatz der Kapelle, aus deren kleinen, spitzgebogten Fenstern nun auch der rötlich warme Kerzenschein drang.

Die Bärnhüttener begrüßten einander, die Kinder wisperten zusammen und erzählten sich, zum allerletzten Male, was sie sich beim Christkindel bestellt hätten, die Weiber begannen ein halbblaues Gespräch und kuschelten sich fröstelnd in ihre mantelgroßen, wollenen Tücher, und die Männer füllten sich ihre Tabakspfeifen noch einmal frisch auf, auch auf die Gefahr hin, dass sie sie halb ausgeraucht leer klopfen und ablöschen müssten.

Es war für die Bärnhüttener immer etwas ganz Besonderes, wenn sie vor ihrem eigenen Gotteshäuslein beisammen stehen konnten, denn es geschah ja nur selten, dass sie den Gottesdienst daheim im Dorfe feierten. Sie waren nach Moosegg eingepfarrt, und bis dahin hatten sie bei gutem Wege immerhin eine runde Stunde zu laufen. Das waren sie gewohnt, bei rechtschaffenem Wetter gingen sie diesen Weg auch gern an jedem Sonn- und Feiertag, aber umso dankbarer waren sie, dass alljährlich in der Heiligen Nacht der alte ausgediente Pfarrer Brugger zur Christmette zu ihnen auf den Berg heraufkam. Das tat der nur aus freien Stücken, seit ein junger Geistlicher sein Amt in Moosegg versah.

Die Weiber, die sich die Füße warm traten, rechneten gerade aus, wie alt der hochwürdige Herr nun schon sei, und sie kamen dabei in die achtziger Jahre hinein. Der Schullehrer, der die Noten auf dem Harmonium zurechtgestellt hatte, trat aus dem Kirchlein heraus und fragte, indem er auf seine Uhr schaute, ob denn der Pfarrer noch immer nicht zu sehen sei, und der Kirscheneder-Franz, der hier die seltenen Mesnerdienste versah, fing, nachdem er noch etliche Buchenkloben in den Esenofen geworfen hatte, mit aller Macht an, das winzige Glöcklein zu läuten, denn die Glockenrufe, die traumfern und feierlich aus den Tälern zu ihnen heraufgetönt hatten, waren schon seit einer Weile verstummt. Als die Frauen die Wärme spürten, die durch die halb geöffnete Tür zu ihnen herausstrich, und als sie das Knistern und Knacken der Scheiter im Ofen hörten, klopften sie sich den Schnee von den Füßen und gingen in die Kapelle, um sich ein wenig aufzuwärmen und noch vor Mettenbeginn ein stilles Gebet zu tun. Auch von den älteren Männern trat einer nach dem andern, wenn er seine Pfeife ausgeraucht hatte, in das Kirchlein ein, wo die Schulkinder schon lange in den beiden vordersten Reihen saßen und die weihnachtlichen Lieder vor sich hinsummten, die sie seit Wochen für die Mitternachtsstunde geübt hatten. Nur die Burschen und die jungen Männer, denen ein langes Stillsitzen schwerfiel und denen die Kälte nichts ausmachte, blieben draußen stehen und warteten. Allmählich wurden sie unruhig und fragten sich, was das lange Ausbleiben des geistlichen Herrn wohl zu bedeuten habe. Immer öfter und immer schärfer spähten sie den Talweg hinab, ob denn nicht das Laternenlicht des uralten Pfarrers aus dem Walde hervorschimmere, aber da unten blieb alles dunkel. Da kam auch der alte Geiger, dessen Vorfahren vor fünfhundert Jahren hier oben den ersten Fleck Land urbar gemacht hatten, wieder aus der Kapelle und sagte, sie dürften jetzt keinen Augenblick mehr zögern, sondern müssten alsbald auf die Suche gehen, ob etwa dem gebrechlichen Pfarrer auf dem Wege etwas zugestoßen sei; wenn er gar nicht von daheim fortgegangen wäre, dann hätte er ihnen gewiss Bescheid getan. Die Burschen nickten und machten sich sogleich auf den Weg; sie waren froh, dass ihnen jetzt einer den Auftrag gestellt hatte, nach dem sie schon seit einer Weile verlangten, ohne es recht zu wissen. Der Geiger ging mit ihnen, und während die Kinder, Weiber und Alten ratlos als verlassene

Schar in der Kapelle sitzen blieben, zog der Later- nenschwarm talabwärts. Von den andern hatte schon mancher erwogen, ob es nicht das Beste sei, wieder heimzugehen, aber jetzt, wie sie sich zuflüsterten, dass die jungen Leute nach dem alten Pfarrer suchten, dachte keiner mehr daran. Nun wollten sie abwarten, was die Sucher für Nachricht brächten, und wenn es auch stunden- lang dauern sollte. Es war ein Schauer in ihnen, halb schreckhaft, halb wohlig, der sie hier zusam- menhielt. Ab und zu schlich einer in die eisige Winternacht hinaus, um den Männern mit ihren Laternen nachzulugen.

Sie brauchten aber gar nicht lange zu warten. Wie der Mesner wieder gespannt hinabschaute und sich ein Schnüpfel Tabak aufklopfte, sah er, dass die Lichtlein seiner Nachbarn aus dem Walde herausschwebten und langsam auf dem Wege näherkamen. Er teilte es den Wartenden mit, und während etliche Männer an seiner statt hinaus- traten und dem Zuge der Lichter entgegenspäh- ten, begann der Kirscheneder wieder die Glocke zu ziehen, dass ihr eintöniges Geläut weit über das verstreute Dorf zu den Bergen und Tälern hinüberhämmerte. In den Pfarrkirchen drunter im Land, wo die Mette eben zu Ende gegangen war, flügelte als Antwort das volle, klangreiche Glockengeläut herauf, und als die Laternenmänner auf Rufweite an die Kapelle herangekommen waren setzten unten der verhaltene Lärm des Christkindlschießens ein. Unter dem fernen Getöse und dem einfältigen Glockengeklopfe zogen die Burschen mit ihren Laternen am nahen Hüterhause vorbei, und der Hirschen-Georg rief ihnen entgegen: »Habt ihr den Herrn Pfarrer dabei?«

»Ja«, rief der alte Geiger zurück, »wir bringen ihn mit!« Da setzten sich die Späher eilig wieder auf ihren Platz, die Weiber nahmen die Kerzen aus den Laternen heraus, zündeten sie wieder an und pichten sie mit tropfendem Wachs auf ihre Bank, der Schullehrer begann auf dem Harmonium ein Vorspiel, während noch immer das Glöcklein über ihnen anschlug, und als die Kapellentür geöffnet ward, standen die Schulkinder mit einem Ruck auf und stimmten das uralte Lied an:

Nun sei uns willkommen, Herre Christ,
Der du unser aller Herre bist!
Sei uns willkommen, lieber Herre!
Da wir sind hier bedroht so sehre.
Kyrieleis!

Da kam ihr alter Gastpfarrer zu ihnen herein zur
Christmette, aber er schritt nicht zwischen ihnen
hindurch vor zum Altar, sondern er lag auf einem
Geflecht von Tannenästen und ward von denen,
die ihm entgegengegangen waren, durch die
schmale Gasse zwischen den Bänken hin auf die
Stufen getragen und dort auf den immergrünen,
noch halb vereisten Zweigen niedergelegt. Die Männer und Weiber, die in den Bänken gekniet hatten,
waren aufgefahren und starrten atemlos nach den
Trägern und ihrer Bürde. Die Kiefl-Veronika, die in
der Hoffnung war, kreischte laut auf, auch von den
Schulkindern begannen etliche zu schreien und zu
weinen, und von den alten Leuten mussten man-
che ihr Augenwasser gewaltsam zurückdämmen.
Die Männer, die ihn gebracht hatten, stellten ihre
Stalllaternen um den Toten, der unter dem bäu-
risch-schlichten Altarbilde lag, und knieten ihm

zur Seite nieder wie die Hirten im Stalle zu Bethlehem. Der Lehrer aber, der seinen Dorfnachbarn über ihre Ratlosigkeit und Verwirrung hinweghelfen wollte, spielte wieder, ganz leise, auf dem Harmonium und winkte dann den Kindern, die mit schwerer, aber heller Stimme sangen:

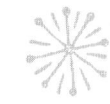

Ach, dass es Gott walt,
Wie ist es so kalt!
Möcht einer erfrieren,
Sein Leben verlieren,
So kalt geht der Wind,
Leid ist mir ums Kind!

Die Bärnhüttener, die sich zu dieser erregenden Christmette versammelt hatten, waren stiller geworden, und nun, als der Kindergesang aufhörte, trat der alte Geiger, der seit einem Menschenalter bei jeder Leich vorbetete, an das Tannenlager des toten Pfarrers heran, von dem das Eis abzuschmelzen anfing, und erzählte seinen Nachbarn in feierlich singendem Tonfall die Geschichte der Christgeburt, wie sie sich vor vielen hundert Jahren im Stall und auf dem Felde zugetragen hatte. »Da sind die Hirten gegangen und haben unsern lieben Herrgott gesucht. Und heut ist unser alter Pfarrer auch wie die Hirten gegangen und hat zum Christkindel gewollt. Das hat er auch gefunden, im Wald draußen, grad um Mitternacht, in einer Schneegewahten, und da hat es ihn gleich mitgenommen in sein Himmelreich. Und wir haben auch zum Heiland gemögt, und wir haben auch suchen müssen, und dann haben wir unsern alten Pfarrer gefunden, den das Christkindel schon geholt hat. Ich glaube halt, wir brauchen ihn nicht zu beklagen, weil er jetzt schon im Himmel droben vor dem Krippel dient. Unser Himmelsvater schenk uns allen ein solch seliges Sterben.«

Die Mettenleute hatten den Atem angehalten, wie ihr Ortsführer, statt die Totenlitanei vorzubeten über den alten Pfarrer solch eine seltsame Predigt hielt, aber dann seufzten sie auf und nickten und hatten einen fast fröhlichen Glanz in den Augen, denn der Geiger-Joseph hatte wahr geredet. Zu den Totengebeten war morgen noch Zeit, und heute war Christnacht. Und während sie die Kerzen wieder in die Laternen steckten und sich zum Heimweg richteten, sangen die Schulkinder mit ihren hellen und glänzenden Stimmen statt eines Leichengesanges ein letztes Weihnachtslied:

Groß, groß, groß,
Die Liebe ist übergroß.
Gott hat den Himmelsthron verlassen
Und will reisen unsre Straßen.
End, End, End
An unserm letzten End,
Dieweil wir alle sterben müssen,
Tu uns's Himmelreich aufschließen.

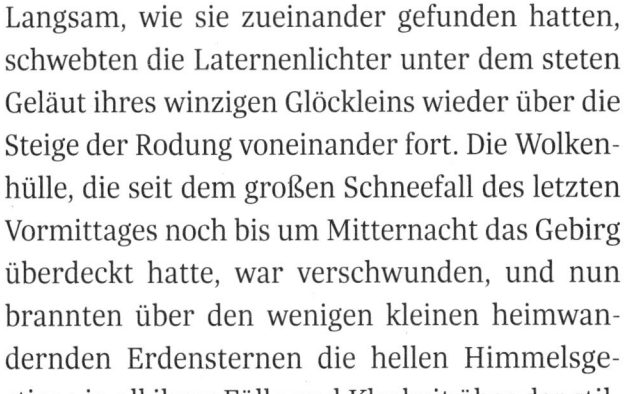

Langsam, wie sie zueinander gefunden hatten, schwebten die Laternenlichter unter dem steten Geläut ihres winzigen Glöckleins wieder über die Steige der Rodung voneinander fort. Die Wolkenhülle, die seit dem großen Schneefall des letzten Vormittages noch bis um Mitternacht das Gebirg überdeckt hatte, war verschwunden, und nun brannten über den wenigen kleinen heimwandernden Erdensternen die hellen Himmelsgestirne in all ihrer Fülle und Klarheit über der stillen, Heiligen Nacht.

Gottes Licht

FRIEDRICH RÜCKERT

Gekommen in die Nacht
 der Welt ist Gottes Licht;
wir sind daran erwacht
 und schlummern fürder nicht.

Wir schlummern fürder nicht
 den Weltbetäubungsschlummer,
wir blicken, wach im Licht,
 aufs Nachtgrau ohne Kummer.

Wo ist der Nächte Graun?
 Es ist vom Licht bezwungen;
wir blicken mit Vertraun
 ins Licht, vom Licht durchdrungen.

Dass wir durchdrungen sind
   vom Lichte, dem wir dienen,
wir zeigen's dem Gesind
   der Nacht in unsern Mienen.

In hellen Mienen macht
   sich kund die Kraft des Herrn,
und wer nicht in der Nacht
   kann leuchten, ist kein Stern.

In der Christnacht

KARL STIELER

O Winterwaldnacht, stumm und hehr,
Mit deinen eisumglänzten Zweigen,
Lautlos und pfadlos, schneelastschwer –
Wie ist das groß – dein stolzes Schweigen!

Es blinkt der Vollmond klar und kalt;
In tausend funkelharten Ketten
Sind fest geschmiedet Berg und Wald,
Nichts kann von diesem Bann erretten.

Der Vogel fällt, das Wild bricht ein,
Der Quell erstarrt, die Fichten beben;
So ringt den großen Kampf ums Sein
Ein tausendfaches banges Leben.

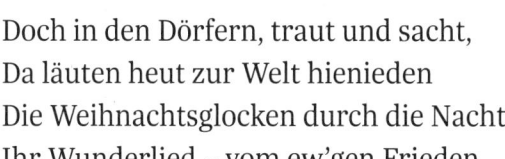

Doch in den Dörfern, traut und sacht,
Da läuten heut zur Welt hienieden
Die Weihnachtsglocken durch die Nacht
Ihr Wunderlied – vom ew'gen Frieden.

Die Herausgeberin

Maria Jooß, geb. 1979, studierte Neuere deutsche Literatur, Slawische Philologie und Theaterwissenschaft.

Seit vielen Jahren arbeitet sie als Lektorin, Übersetzerin und Herausgeberin. Am liebsten sind ihr Geschichten, die zum Nachdenken anregen. In ihrer Freizeit liest sie diese auch gerne ihren drei Kindern, ihrem Mann und ihrem Kater vor.

Ein camino.-Buch aus der
© Verlag Katholisches Bibelwerk GmbH, Stuttgart 2022
Alle Rechte vorbehalten.

Umschlaggestaltung und Satz: Finken & Bumiller, Stuttgart
Hersteller gemäß ProdSG:
Druck und Bindung: CPI books GmbH, Birkstraße 10, 25917 Leck
Verlag: Verlag Katholisches Bibelwerk GmbH,
Silberburgstraße 121, 70176 Stuttgart

www.caminobuch.de
ISBN 978-3-96157-180-2